매일아침
소망 한 모금

새로운 소망과 용기를 꿈꾸는 당신에게

이 세상에서 가장 소중한 .... 님께

이 책을 마음의 선물로 드립니다.

.... 드림

매일 아침
소망 한 모금

첫판 1쇄 2021년 2월 15일

지은이 김영대 김상겸 이재영 김성윤 문병학 이현우 김경선
펴낸이 김은옥
디자인 한영애
펴낸곳 올리브북스

주소 인천시 부평구 부평대로 153
전화 032-233-2427
이메일 olivebooks@naver.com
블로그 blog.naver.com/olivebooks
인스타그램 instagram.com/olivebooks_publisher

출판등록 제387-2007-00012호(2007년 5월 21일)

ISBN 978-89-94035-46-8 (03230)

세상은 행동하는 사람에 의해 움직입니다. 소중한 경험, 따뜻한 시선을 가진 원고, 참신한 기획의 소재가 있으신 분은 올리브북스와 의논해 주십시오. 그 원고가 세상의 소금과 빛이 될 수 있도록, 최고의 책으로 빛날 수 있도록 정성을 다하겠습니다.

총판 기독교출판유통 |031-906-9191(전화), 0505-365-9191(팩스)

매일아침
소망한 모금

따뜻한 축복과 응원의 메시지

김영대 외 6인 공저

올리브 북스
Olive Books

2020년은 발음하기도 좋고 10년 단위로 딱 떨어지는 해여서, 모두가 많은 일과 꿈을 꾸고 계획했을 것입니다. 그런데 뜻하지 않게 상상하지도 못한 코로나19 펜데믹pandemic 속에 갇혀버린 한 해가 되고 말았습니다. 그야말로 단 한 번도 경험하지 못한 통제와 단절 속으로 빠져들고 말았습니다. 목숨처럼 귀하게 여기던 예배마저도 자유롭게 드릴 수 없고, 소그룹 모임조차 여의치 않았습니다.

평생토록 새벽 제단을 쌓아 온 이들은 교회에 나올 수 없게 된 상황이 무척이나 혼란스러웠습니다. 그 당황스러운 마음과 상실감을 어떤 방법으로든 채우고 싶었습니다. 막연한 두려움과 상실감에 빠진 이들에게 위로와 용기를 전하고 싶었습니다. 그래서 사랑과 소망과 믿음을 담아 '소망을 주는 1분 메시지'라는 이름으로 매일 아침 문자 메시지를 보냈습니다. 이 시대의 고통을 함께 짊어지고 소소한 기쁨을 함께 나누고 회복하는 것에 초점을 맞추었습니다.

그리고 메시지에 맞는 찬송가와 복음성가도 링크해서 듣거나 함께 부를 수 있도록 했습니다. 성도들의 반응은 뜨거웠고 그야말로 사막에서 오아시스를 만난 것처럼 기뻐했습니다. '소망을 주는 1분 메시지'는 영적 고립감에 빠져있던 이들에게 따뜻한 축복과 응원이 되었습니다.

휴대전화로 전송된 글들을 모아 손으로 만지면서 읽을 수 있는 활자화 된 책으로 만들 결심을 한 것은 성도들의 열화 같은 응원 덕분입니다. 또한 문자로 발송할 수 있는 최대 용량인 2천 바이트 이내로 글을 완성하기 위해 애쓴 모든 교역자의 수고가 컸습니다. 그리고 이렇게 아름다운 한 권의 책으로 묶여서《매일 아침 소망 한 모금》이라는 제목으로 나올 수 있도록 도움을 주신 올리브북스 김은옥 대표님에게도 감사의 말씀을 드립니다. 무엇보다도 코로나19라는 어려움이 없었다면 결코 탄생할 수 없었던 글들이 세상에 나올 수 있도록 합력하여 선을 이루시는 하나님의 놀라우신 섭리에 감사드립니다.

아직도 펜데믹 터널의 끝은 보이지 않고, 재난이 일상화 되어가는 시대입니다. 이 책의 글들이 독자들에게 힘든 상황을 이겨낼 수 있는 따뜻한 응원과 소망의 메시지가 되기를 바랍니다.

김영대_ 꿈마을엘림교회 담임목사

1부

매일아침
믿음 한 모금

2부

매일 아침
소망한 모금

매일 아침 믿음 한 모금

1부

잘못된 질문

 코로나19로 전 세계가 휘청거립니다. '혹시 내가, 내 가족이 걸리면 어떡하지?' 이런저런 걱정이 많습니다. 어떤 이들은 이 문제가 누구 때문인지, 무엇 때문인지 원인을 찾으려고 합니다. 오늘 말씀에서도 누구 때문인지에 대해 논쟁합니다. 예수님과 제자들이 나면서부터 맹인 된 사람을 만났습니다. 제자들이 예수님께 묻습니다.

"이 사람이 맹인 된 이유가 이 사람의 잘못입니까, 그의 부모 잘못입니까?"

잘잘못을 따지려는 제자들의 질문에 예수님께서 대답하십니다.

"탓할 사람을 찾으려고 하니 너희 질문이 잘못되었다. 차라리 너희는 하나님께서 어떤 일을 하시는지를 주목해 보아라"(메시지 성경).

"하나님이 원하시는 일은 이 사람을 치유하는 것이고 이를 위해 내가 왔으니 나는 반드시 이 사람을 치유할 것이다"(헬라어 원문).

예수님은 그 사람의 불행의 원인을 찾는 데 집중하지 않았습니다. 치료하여 그 사람의 인생을 어떻게 새롭게 할 것인가, 어떻게 하나님의 영광을 드러낼 수 있을 것인가에 집중하셨습니다. 이처럼 우리도 과거에 머물러서는 안 됩니다. 전염병이 어느 나라에서 시작됐는지? 초기에 유입을 막기 위한 조치를 왜 못했는지? 이런 책임을 묻는 데 머물러서는 안 됩니다. 오히려 이로 인해 아파하고 두려워하는 사람들을 마음으로 행동으로 기도로 도와야 합니다.

이럴 때 하나님께서는 그리스도인이 어떻게 생각하고 행동할지를 기대하십니다. 하나님께서는 우리가 막연한 두려움에 빠지지 않고 미래와 희망을 여는 신앙인답게 생각하고 행동할 것을 원하십니다. 미래 지향적으로 생각하고 질문하는 그리스도인이 된다면 코로나19는 이 땅에 새로운 신앙의 기념비를 세워가는 계기가 될 것입니다.

찬송_ 582장(어둔 밤 마음에 잠겨)

행복한 사람

이스라엘이여 너는 행복한 사람이로다 여호와의 구원을 너 같이 얻은 백성이 누구냐 그는 너를 돕는 방패시요 네 영광의 칼이시로다 네 대적이 네게 복종하리니 네가 그들의 높은 곳을 밟으리로다 신명기 33:29

"이스라엘이여 너는 행복한 사람이로다." 여러분은 축복과 사랑이 가득한 이 말씀을 진정 누리고 있습니까? 성경에는 가끔 이해되지 않는 부분들이 있습니다. 나는 전혀 행복하지 않은데 "너는 행복한 사람이라"고 하면 정말 행복한 사람이 됩니까?

형들에 의해 이집트 보디발의 집에 종으로 팔린 요셉은 갖은 고생을 했습니다. 성경은 그가 '형통한 자'가 되었다고 말합니다. 또한 억울하게 감옥에 갇혔을 때도 '여호와께서 그를 범사에 형통하게 하셨다'라고 말합니다. 다른 사람도 아니고 형들에 의해 이집트로 팔려 가서 억울한 인생을 살았는데 성공하고 형통했다는 것입니다.

요셉의 생애를 살펴보면, 그 모든 어려움은 과정일 뿐이고 정말 형통의 결과로 매듭지어졌습니다. 이 사실을 깨달은 요셉은 후일 형들에게 고백합니다. "그런즉 나를 이리로 보낸 이는 당신들이 아니요 하나님이시라. 하나님이 나를 바로에게 아버지로 삼으시고 그 온 집의 주로 삼으시며 애굽 온 땅의 통치자로 삼으셨나이다"(창 45:8).

요셉의 고난은 컸지만, 코람데오의 신앙, '나는 하나님 앞에 있는 존재'라는 믿음이 있었습니다. 그는 하나님의 보호 속에서 구원과 승리를 누렸습니다. 마침내 '담을 넘는 축복의 사람, 행복한 사람'이 되었습니다. 요셉은 첫째, 자기라는 담을 넘어 가족을 살렸습니다. 둘째, 가족이라는 담을 넘어 사회를 살렸습니다. 셋째, 사회라는 담을 넘어 세상을 살렸습니다.

하나님은 우리에게 말씀하십니다. "요셉을 봐라. 당장은 불행한 것 같지만, 합력하여 선을 이루지 않았니? 너도 믿음을 가져라." 우리에게도 이런 믿음이 필요합니다. 반드시 나를 구원하시고 높이실 하나님을 신뢰해야 합니다. 이 모든 어려움에서 건지실 하나님을 믿고 기대합시다.

찬양_ 너는 담장 너머로 뻗은 나무

신실하신 하나님을 따라

우리의 하나님 여호와께서는 불의함도 없으시고 치우침도 없으시고
뇌물을 받는 일도 없으시니라 하니라 역대하 19:7

 우리가 믿는 하나님은 신실하십니다. "우리의 하나님 여
호와께서는 불의함도 없으시고 치우침도 없으시고 뇌물
을 받는 일도 없으시니라." 이런 하나님을 믿고 따르는 우리는
어떻게 살아야 할까요? 삼가고 두려운 마음으로 하나님의 신실
하심을 본받아 살아야 합니다.

하나님을 믿는 그리스도인은 자기에게 주어진 권한을 행사할
때, 욕심이나 편견으로 일해서는 안 됩니다. 언제나 '나는 하나
님 앞에 서 있는 사람이다', '하나님이 나를 지켜보고 계신다'라
는 코람데오의 정신으로 불의와 잇속을 차리려는 욕심을 내려
놓고 신실하게 살아야 합니다. 또한 지속해서 그런 사람이 되기
위해 늘 말씀을 읽고 기도하면서 하나님의 뜻을 찾고, 위로부터
오는 지혜를 구해야 합니다.

한 나라와 민족이 사는 길은 영적인 힘과 건강한 윤리입니다.
이것이 하나님의 바람이고 성경의 가르침입니다. 좋은 나라는

정치나 경제로만 되는 것이 아닙니다. 백성의 양심이 살면 나라가 살고, 양심이 죽으면 나라가 흔들립니다. 나라의 위기는 백성이 양심을 잃어버린 데 있습니다.

이준 열사의 말을 마음에 새겨야 합니다. "땅이 크고 사람이 많은 나라가 큰 나라가 아니고, 땅이 작고 사람이 적어도 위대한 인물이 많은 나라가 위대한 나라가 되는 것이다." 위대한 인물은 큰 업적을 이룬 사람이 아니라 신실한 사람입니다. 안타까운 것은 오늘날 그리스도인들이 시대의 양심의 척도나 사표가 될 만한 사람들로 인정받지 못한다는 사실입니다. 이로 인해 우리 민족이 중병을 앓고 있습니다. 참으로 회개하고 신실한 사람들로 다시 태어나야 합니다.

그리스도인이 세상의 비방을 받는 것은 한 개인의 문제일 뿐만 아니라, 민족의 장래와 운명의 문제입니다. 우리가 바르게 살지 못하고 믿을 수 없는 사람이 된다면, 이 사회는 더욱 불신으로 가득 찰 것이고, 소망 없는 나라가 될 것입니다. 겸손하게 회개하고 길과 진리 되신 주님의 뒤를 따르며 바른 양심으로 살아가야 합니다. 황무해져 가는 이 땅을 고치며 살길을 열어 가는 그리스도인이 되어야 합니다.

찬송_ 393장(오 신실하신 주)

하나님만 의지하기

형제들아 우리가 아시아에서 당한 환난을 너희가 모르기를 원하지 아니하노니 힘에 겹도록 심한 고난을 당하여 살 소망까지 끊어지고 우리는 우리 자신이 사형 선고를 받은 줄 알았으니 이는 우리로 자기를 의지하지 말고 오직 죽은 자를 다시 살리시는 하나님만 의지하게 하심이라 그가 이같이 큰 사망에서 우리를 건지셨고 또 건지실 것이며 이 후에도 건지시기를 그에게 바라노라 고린도후서 1:8-10

극심한 고난을 겪어 살 소망이 끊어지고, 사형 선고를 받은 것 같은 상황에서 바울 사도는 이런 고백을 했습니다. "이는 우리로 자기를 의지하지 말고, 오직 죽은 자를 다시 살리시는 하나님만 의지하게 하심이라."

우리는 하나님을 의지하고 산다고 하면서도 실상은 하나님을 신뢰하기보다 다른 것을 의지하고 자기를 신뢰할 때가 많습니다. 그런 우리를 깨트리고 바로 세우기 위해 하나님은 때때로 환난이라는 교육의 장을 사용하십니다. 그동안 바울이 하나님을 의지하지 않은 것은 아닙니다. 그는 하나님과 자신과 세상의 것들을 의지했습니다. 그러나 환난을 겪으면서 비로소 온전히 하나님만을 의지하게 된 것입니다.

고난을 통과하며 온전히 하나님만을 의지하게 된 바울의 믿음은 크게 성숙했고 이 고백을 하기에 이릅니다. "그가 이같이 큰 사망에서 우리를 건지셨고 또 건지실 것이며 이 후에도 건지시기를 그에게 바라노라"(고후 1:10). 이것은 과거에도 함께하셨고(에벤에셀), 지금도 함께하시고(임마누엘), 미래도 복되게 준비해 주실 것(여호와 이레)을 믿는다는 신앙 고백입니다.

구약의 갈렙도 같은 믿음을 가진 사람입니다. 힘든 광야의 여정을 마치고 땅을 분배할 때 이렇게 말합니다. "오늘 내가 팔십오 세로되 모세가 나를 보내던 날과 같이 오늘도 내가 여전히 강건하니 내 힘이 그 때나 지금이나 같아서 싸움에나 출입에 감당할 수 있으니 그 날에 여호와께서 말씀하신 이 산지를 지금 내게 주소서"(수 14:10-12).

이는 과거에도 함께하셨고, 지금도 함께하시는 하나님이 아낙 자손이 진 치고 있는 험한 산지를 차지하게 하실 것이라는 믿음의 고백입니다. 두렵고 낙심될 때 우리가 믿는 하나님은 죽은 자를 살리시는 부활의 하나님이심을 믿고 의지하며 담대하게 나아갑시다.

찬송_ 370장(주 안에 있는 나에게)

고난을 슬기롭게 이겨내는 법

또 내가 네게 이르노니 너는 베드로라 내가 이 반석 위에 내 교회를
세우리니 음부의 권세가 이기지 못하리라 마태복음 16:18

영국의 역사가 토인비는 문명의 성장, 발전, 쇠망을 다룬
《역사의 연구》에서 이렇게 말합니다. "가혹한 자연환경
이나 외적의 침입 등 외부의 도전과 응전에 성공하면 그 문명은
존속, 발전하였고, 실패하면 역사의 무대에서 사라졌다."

재미있는 사실은 도전 자체를 받지 않는 문명 역시 멸망의 길
을 걸었다는 것입니다. 나일강은 이집트의 선물입니다. 선물인
나일강은 풍성한 식량의 바탕이 되기도 하지만, 범람하면 이집
트의 생존을 위협합니다. 그래서 해마다 겪는 나일강의 범람을
슬기롭게 극복하기 위해 고대 이집트는 태양력, 기하학, 건축술,
천문학이 발달했습니다.

코로나19로 인해 한국 교회에 닥친 반기독교적 정서와 집회
금지 명령은 우리에게 주는 좋은 도전장입니다. 교회에서 주일
예배를 중단하는 일은 타율에 의해서는 도저히 용납될 수 없는
하나님의 절대명령입니다. 하지만 우리가 주일 예배를 영상으로

대체한 것은, 성도들과 사회를 보호하기 위해 교회 스스로 결정할 일이며 결정한 일입니다.

도전은 극복의 문제이지 타협의 대상이 아닙니다. 사회의 공격과 반기독교적 정서를 두려워하지 맙시다. 우리는 민주 시민답게 법과 질서를 잘 지키고, 정부의 정책에 잘 협조해야 합니다. 그러나 이단 신천지와 일부 교회의 일탈로 인해 한국 교회 전체가 비난 받아서는 안 될 것입니다. 이럴 때일수록 그리스도인은 성경의 가치와 진리를 수호하고, 교회와 성도의 거룩성을 지키는 데 더욱 힘써야 합니다. 반드시 한국 교회는 더욱 건강하게 성장하고 사회의 보루가 될 것입니다.

찬송_ 210장(시온성과 같은 교회)

감사로 충만한 삶

프랑스에서 93세 할아버지가 코로나19에 감염되어 병원
으로 이송되었습니다. 그는 24시간 동안 산소 공급을 받
으며 치료 받았고 상태가 호전되었습니다. 병원 관계자가 50만
원 정도 나온 의료비 청구서를 보여 주었습니다. 청구서를 본 할
아버지는 눈물을 흘렸습니다. 이 모습을 본 의사가 할아버지를
위로하면서 계산서 때문에 괴로워하지 마시라고 했습니다.

할아버지가 말했습니다. "저는 지불할 금액을 보고 운 것이
아닙니다. 치료비 정도는 낼 능력이 있습니다. 제가 감격의 눈물
을 흘린 것은 24시간 동안 산소를 공급 받은 비용이 50만 원이
라는 사실 때문입니다. 하나님께서 주신 산소를 93년 동안 마시
면서 돈을 지불한 적이 한 번도 없습니다. 제가 그동안 하나님께
얼마나 많은 은혜를 입고 살았는지 이제야 알았습니다. 그분께
감사할 뿐입니다."

이 글을 읽고 저 역시 그동안 감사하는 마음으로 살지 못했음을 회개했습니다. 코로나19로 일상을 잃어버린 생활을 하다 보니, 우리가 살아온 평범한 하루하루가 얼마나 값지고 귀한 것인지를 새삼 깨닫게 됩니다.

감사는 절대로 저절로 되지 않습니다. 감사하는 것도 훈련이 필요합니다. 우리의 입술이 범사에 감사하는 습관을 갖도록 해야 합니다. 원망도 습관입니다. 원망하고 불평하는 사람들은 무엇을 보든 부정적으로 봅니다. 장점보다 단점을 보고, 되는 방향보다는 안 되는 방향을 생각합니다. 우리는 일부러라도 감사하는 훈련을 해야 합니다. 힘들고 어려운 상황이지만 그래도 감사합시다. 그럼에도 감사합시다. 감사로 충만한 소망의 하루하루를 살아갑시다.

찬송_ 488장(이 몸의 소망 무언가)

엘 샤다이 하나님

아브람이 구십구 세 때에 여호와께서 아브람에게 나타나서 그에게
이르시되 나는 전능한 하나님이라. 너는 내 앞에서 행하여 완전하
라 창세기 17:1

'엘 샤다이'는 '전능한 하나님'이라는 뜻입니다. '엘 샤다
이'는 하나님께서 모든 일을 다 할 수 있는 능력의 소유
자라는 뜻만 있는 것은 아닙니다. '하늘과 땅의 모든 권세를 소
유하신 분이고, 보이는 것이나 보이지 않는 모든 것이 다 그분의
주권 안에 있고, 창조와 보존, 만물의 운행과 통치가 엘 샤다이
그분 안에서 이루어진다'라는 의미도 있습니다.

'전능자'라는 단어는 성경에 48번 나옵니다. 창세기 17장에
처음 나타나는 이 단어가 제일 많이 등장하는 성경은 욥기입니
다. 인생 최대의 고통을 겪은 욥의 이야기에 무려 31번이나 등
장합니다.

이것은 무엇을 의미합니까? 바로 우리 인생이 고통의 터널
을 지나갈 때, 고난의 태산준령을 넘어갈 때, 찾아오시는 하나님
이 바로 엘 샤다이, 전능자 하나님이기 때문입니다. 믿음의 선진

들이 불가능을 넘어 기적의 역사를 만들어 갈 때 찾아오셨던 그 하나님이 엘 샤다이 하나님입니다. 또한 극심한 고난에 지쳐서 새로운 기적의 역사가 아니고는 일어설 수 없을 때 찾아와 주시는 분이 엘 샤다이 하나님입니다.

하나님이 아브람을 찾아오신 때는 그의 나이 99세, 그의 아내 사래의 나이 89세 때입니다. 아브람이 말하듯이 육체로는 죽은 자와 같고 자식을 가질 수 있는 어떤 소망도 없는 나이였습니다. 그러나 하나님은 그때 찾아오셔서 당신의 약속을 이루셨습니다. 이삭은 낳을 만해서 낳은 아들이 아닙니다. 전능하신 하나님의 역사로 태어난 아들입니다.

전능하신 하나님은 언약을 지키시는 분입니다. 그리고 어제나 오늘이나 동일하신 분입니다. 그분이 우리의 아버지입니다. 내 인생의 어려움과 문제 속에도 찾아와 주시고 해결해 주시는 하나님입니다. 고통과 아픔의 시간은 귀로만 들었던 엘 샤다이 전능하신 하나님을 우리가 직접 만나고 체험할 귀한 기회가 될 것입니다.

찬양_ 일어나 걸어라

생명책에 기록되는 사람

그러나 귀신들이 너희에게 항복하는 것으로 기뻐하지 말고, 너희 이름이 하늘에 기록된 것으로 기뻐하라 하시니라 **누가복음 10:20**

 우리나라의 국회의원 숫자는 300명입니다. 권력의 욕구가 있는 사람들은 국회의원 당선자 명단에 이름을 올리고 싶어 합니다. 입학 시험이나 취업 시험을 본 이들은 합격자 명단에 자기 이름 석 자가 선명하게 있기를 간절히 소망합니다.

성경에도 명단이 나오는 곳이 있습니다. 창세기 5장에는 아담에서부터 노아까지의 계보가 나오고, 역대상 23~26장에는 성전을 섬길 족장들의 명단이 나옵니다. 신약 성경을 펼치면 제일 먼저 예수님의 족보가 나옵니다. 이 명단에 올랐다는 것은 매우 영광스러운 일입니다. 물론 성경에는 자랑스러운 명단만 있는 것은 아닙니다. 부끄러운 명단도 많습니다.

그리스도인은 반드시 자신의 이름이 있어야 할 곳이 있습니다. 바로 생명책입니다. 예수님께서 성공적인 전도 활동을 마치고 돌아온 70명의 제자에게 말씀하셨습니다. "귀신들이 너희에게 항복하는 것으로 기뻐하지 말고 너희 이름이 하늘에 기록된 것으로 기뻐하라"(눅 10:20). 생명책에 이름이 있는 사람은 예수 그리스도의 피로 죄 사함을 받고, 의롭게 되어 천국에 들어갈 수 있습니다. "누구든지 생명책에 기록되지 못한 자는 불못에 던져지더라"(계 20:15). 그리고 요한계시록 21장 27절에서는 오직 생명책에 기록된 사람들만 천국 문으로 들어간다고 했습니다.

우리는 이 생명책에 이름이 기록된 사람들입니다. 예수님이 하나님의 아들이심을 믿고, 그 이름을 부르며, 그 이름을 전파하는 사람은 확실히 생명책에 기록됐다는 것을 확신해도 됩니다. 이보다 더 복된 일은 없습니다. 우리의 종착지는 고통과 아픔과 죽음이 없는 영원한 천국입니다. 하늘나라 생명책에 자신의 이름이 기록된 것으로 기뻐하는 우리가 됩시다.

찬송_ 180장(하나님의 나팔 소리)

영원을 소망하는 마음

한 번 죽는 것은 사람에게 정해진 것이요, 그 후에는 심판이 있으리니

히브리서 9:27

전 세계적으로 코로나19로 인한 사망자가 늘어갈수록 '나도 죽을 수 있겠구나!' 하며 죽음을 생각하게 됩니다. 평소에는 죽음과 아무 상관 없는 것처럼 살다가도 친구, 친척, 지인, 가족 구성원이 죽으면 죽음이 남의 일 같지 않습니다.

미국 트럼프 대통령이 종려 주일에 자신이 출석하는 하베스트 교회 그렉 로리(Greg Laurie) 목사의 설교를 온라인으로 듣는다는 트윗을 올리자 130만 명이 로리 목사의 설교를 들었고, 1만 1천여 명이 예수님을 영접하는 결단을 했다고 합니다.

오랜 세월 '하나님은 없다'라고 외치던 무신론자들도 "당신이 죽은 후에 어떻게 될 것인지 생각해 보셨습니까? 지금 하나님과 올바른 관계를 맺고 있습니까?"라는 로리 목사의 질문과 호소의 말씀을 듣고 회개하고 주께로 돌아온 것입니다. 무신론자뿐만 아니라, 미지근하게 때로는 냉담하게 신앙생활을 하던 이들도 마음을 새롭게 하고, 예수님을 통해 영원한 미래를 준비

하는 결단을 한 것입니다.

여러분은 어떻습니까? 지금까지 살아온 삶을 되돌아보셨습니까? 죽은 후에 어떻게 될지 생각해 보셨습니까? 미래는 대비하셨습니까? 과거를 돌아보고, 미래의 영원한 세계를 대비해서 현재의 삶을 성찰하는 진지한 자세를 가졌습니까?

예수님은 곳간을 더 크게 짓고 거기에 곡식과 여러 해 쓸 물건을 많이 쌓아두고, 평안히 쉬고 먹고 마시고 즐거워하자는 부자에게 "어리석은 자여 오늘 밤에 네 영혼을 도로 찾으리니 그러면 네 준비한 것이 누구의 것이 되겠느냐"라고 하셨습니다(눅 12:20).

죽음과 심판을 생각하지 않고 현재만을 사는 사람은 어리석습니다. 고난을 통해 죽음과 영혼을 생각하게 되었다면 값진 보화를 얻은 것입니다. 오늘만, 세상만, 생각하며 사는 삶이 아니라, 영원한 미래와 천국을 생각하며 살아갑시다.

찬송_ 386장(만세반석 열린 곳에)

역전의 신앙

생각하건대 현재의 고난은 장차 우리에게 나타날 영광과 비교할 수
없도다. 우리가 알거니와 하나님을 사랑하는 자 곧 그의 뜻대로 부
르심을 입은 자들에게는 모든 것이 합력하여 선을 이루느니라

로마서 8:18, 28

 하나님께서는 우리에게 '고통이 유익, 약함이 강함, 멈춤
이 전진, 무명이 유명, 죽음이 부활'로 역전되는 은혜를
주셨습니다. 코로나19 팬데믹은 세계적으로 혼란과 충격, 희생
과 피해를 주었습니다. 하지만 대한민국은 국격을 높이는 계기
가 되었습니다.

그동안 우리는 유럽과 미국을 선진국으로 여겼습니다. 그런
데 팬데믹에 대처하는 과정을 보면 그들은 선진 시민도, 선진국
도 아니었습니다. 반면에 우리는 마스크 쓰기와 자원봉사, 사회
적 거리두기에 동참했습니다. 사재기도 없었고, 의료인들은 최
선을 다해 대처하고, 방역 행정 책임자들도 세계적으로 인정받
을 만큼 성실하고 투명하게 일하고 있습니다.

교회와 성도들도 성숙함을 보여 주었습니다. 대부분의 교회

는 온라인 예배로 전환했고 사회적 거리두기를 잘 지켰습니다. 그 결과 한국의 기준이 세계의 기준이 될 수 있는 가능성을 보게 되었습니다. 한국의 정확한 진단키트, 효율적인 드라이브 스루 검사 방식, 투명한 정보 공개, 확진자를 파악하는 앱 등 국제적 표준이 될 만한 내용이 많았습니다.

진정한 21세기는 코로나19와 더불어 시작되었다고 합니다. 이를 계기로 선진국 개념 또한 바뀔 것입니다. 과거에는 평가 기준이 경제력과 군사력이었다면, 이제는 성숙한 시민의식, 투명성, 친인간적 기술발전, 지도자의 헌신, 건강한 종교, 문화 예술의 발전 등이 될 것입니다. 이제 대한민국은 세계의 주목을 받을 만합니다. 하나님이 대한민국을 높여 주셨다고 믿습니다.

우리 그리스도인도 마찬가지입니다. 좀 더 성숙한 신앙인이 되어야 합니다. 어려운 현실과 고통은 우리를 더 성숙하고 온전한 신앙인으로 만들어 가는 하나님의 섭리가 들어 있습니다. 현실에 일희일비하지 말고 합력하여 선을 이루시는 하나님, 역전시키는 하나님의 선하심을 볼 수 있는 영의 눈이 크게 띄어져야 할 것입니다.

찬양_ 이제 역전되리라

엘림으로 인도하시는 하나님

나는 너희를 치료하는 여호와임이라. 그들이 엘림에 이르니 거기에
물 샘 열둘과 종려나무 일흔 그루가 있는지라. 거기서 그들이 그 물
곁에 장막을 치니라 출애굽기 15:26-27

오랫동안 지속되었던 '사회적 거리두기'가 오늘부터 '생활 속 거리두기'로 완화되었습니다. 그동안 힘들었던 일상과 경제 활동이 조금은 숨통이 트일 것 같습니다. 교회 생활에도 활력이 생길 것 같습니다. 마치 광야를 지나며 마실 물이 없어 고생하던 이스라엘 백성이 물과 그늘이 충분한 '엘림'으로 인도되었던 것처럼 말입니다.

그러나 엘림에 도착하기까지는 과정이 있었습니다. 먹을 수 없는 쓰디쓴 물만 있던 마라를 먼저 경험했습니다. 이스라엘은 더욱 절망에 빠졌지만, 모세가 엎드려 기도할 때 하나님은 한 막대기를 물에 던지라고 하셨고, 놀라운 기적이 일어났습니다. 쓴 물이 단물로 바뀐 것입니다. 이제 한숨 돌리게 되었습니다. 하지만 마라의 물은 지속해서 마시기에는 턱없이 부족했습니다. 또다시 문제에 봉착하게 될 위기입니다.

그러나 은혜가 풍성하신 하나님께서는 이스라엘을 더 풍성하고 좋은 곳으로 인도하셨습니다. 바로 '엘림'입니다. 엘림에는 열두 개의 샘물과 종려나무 칠십 그루가 있었습니다. 이는 단순한 숫자가 아니라, 출애굽한 모든 사람이 넉넉히 먹고 마시고 쉬고 재충전할 수 있는, 충분한 물과 그늘이 있는 곳이란 뜻입니다. 엘림은 마라에서 11킬로미터(약 30리) 정도 떨어져 있습니다. 서너 시간이면 도착할 수 있는 너무 멀지 않은 거리에 하나님은 엘림을 준비해 두신 것입니다.

지금 광야의 메마름 때문에 혹은 마라의 쓰디쓴 물을 마시며 낙심 중에 있습니까? 희망이 보이지 않는다고 탄식하고 있습니까? 그렇다면 이것을 꼭 기억하기 바랍니다. 하나님께서는 우리를 위해, 그리 멀지 않은 곳에 엘림을 준비해 놓으셨다는 사실 말입니다. 엘림이 눈에 보이지 않아도 하나님의 약속을 붙들고 조금 더 믿음으로 인내하시기 바랍니다. 모든 것을 합력하여 선을 이루시는 하나님의 역사를 반드시 보게 될 것입니다.

찬송_ 359장(천성을 향해 가는 성도들아)

변질되지 말고 변화합시다

너희는 이 세대를 본받지 말고 오직 마음을 새롭게 함으로 변화를
받아 하나님의 선하시고 기뻐하시고 온전하신 뜻이 무엇인지 분별
하도록 하라 로마서 12:2

변질과 변화는 비슷한 것 같지만, 전혀 다른 의미입니다.
변질은 '성질이 달라져서 나쁘게 변하는 것'이고, 변화는
'좋게 되는 것'입니다. 밥이 쉬는 것은 변질입니다. 그러나 밥이
식혜가 되는 것은 변화입니다. 예수님은 열두 명의 제자를 선택
하셨습니다. 그런데 가룟 유다는 제자의 길에서 변질하여 예수
님을 팔았습니다. 반면에 베드로는 변화되어 성령 받고 하루에
3천 명을 회개시키는 대사도가 되었습니다.

요즘은 퓨전이 대세입니다. 퓨전은 '섞다'라는 뜻의 라틴어
'fuse'에서 유래한 말로 '서로 다른 것의 뒤섞임, 조화'라는 의미
입니다. 퓨전이 아무리 새롭고 좋아도 결코 허용해서는 안 되는
곳이 있습니다. 바로 신앙입니다. 신앙은 순수해야 합니다.

우리는 세상에 발을 딛고 살 수밖에 없습니다. 그러나 세상을
따라 변질되는 것이 아니라, 온전히 하나님의 말씀대로 살고자

힘쓰고 애쓰는 가운데 변화되는 우리가 되어야 합니다. 신앙은 정금과 같아야 합니다. 순도 100퍼센트가 아니면 정금이 될 수 없습니다.

금은 함유량에 따라 몇 가지로 나누어집니다. 순금 함량이 58.5퍼센트면 14K, 75퍼센트면 18K입니다. 여러분은 누가 금반지를 해준다고 하면 어떤 것을 받고 싶습니까? 순도 99.9퍼센트인 24K 반지를 좋아할 것입니다. 하나님도 마찬가지입니다. 24K 믿음을 기뻐하십니다. 여러분의 신앙은 순도 몇 퍼센트인지 점검해 보시기 바랍니다.

환경에 따라 이리저리 흔들리는 믿음이 아니라, '어려움도 또 하나의 기회가 될 수 있다. 잘 이겨 내서 새로운 일에 도전해 보리라.' 이렇게 생각할 줄 알아야 합니다. 하나님은 순도 높은 믿음을 가진 성도를 반드시 사용하십니다.

찬송 _ 373장(고요한 바다로)

어려움을 기회로

해 질 때에 이스라엘 회중이 그 양을 잡고 그 피를 양을 먹을 집 좌우 문설주와 인방에 바르고 그 밤에 그 고기를 불에 구워 무교병과 쓴 나물과 아울러 먹되 날것으로나 물에 삶아서 먹지 말고 머리와 다리와 내장을 다 불에 구워 먹고 아침까지 남겨두지 말며 아침까지 남은 것은 곧 불사르라 출애굽기 12:6-10

24절기 중 여덟째 절기 '소만'(小滿)에는 햇볕이 풍부하고 만물이 생장하여 천지에 가득 차 갑니다. 냉이 같은 봄나물은 들어가고, 씀바귀 잎을 뜯어 나물을 해 먹습니다. 보리 이삭은 익어서 누런색을 띠지만 아직 먹을 수는 없습니다. 가을에 거둔 곡식이 떨어지고 보리 수확이 본격적으로 시작될 때인 이 무렵을 '보릿고개'라고 불렀습니다. 추위는 가셨지만, 먹고살기 아주 힘든 시기입니다.

씀바귀나물을 먹는 소만을 생각하면 떠오르는 성경의 절기가 있습니다. 바로 '유월절'(무교절)입니다. 유월절에는 누룩을 넣지 않은 빵과 쓴 나물을 먹어야 합니다. 사실 맛있는 음식은 삶에 큰 기쁨이 됩니다. 그런데 유월절에는 일부러 맛없는 음식을 일

주일 동안 먹어야 합니다.

왜 딱딱하고 맛없는 무교병과 함께, 반찬으로는 쓴 나물을 먹습니까? 출애굽 때의 고난을 되새기고 오늘의 삶에 감사하자는 것입니다. 그리고 자기 자신과 자녀들에게 이것을 가르치기 위해서입니다.

우리는 살면서 많은 어려움을 겪습니다. 우리는 어려움과 고통을 체험적 교육의 기회로 삼는 지혜가 필요합니다. 어려움을 겪으며 좀 더 강해지고, 하나님의 도우심이 없이는 참으로 한없이 연약한 인간임을 깨달아야 합니다.

너무 편리한 생활을 하다 보면, 행복도 감사도 잃어버릴 수 있습니다. 우리는 어려웠던 때를 쉽게 잊으면 안 됩니다. 그 어려움이 있었기 때문에 오늘 행복과 평안을 누릴 수 있는 것입니다. 그래서 오늘 나에게 주어진 삶에 감사하는 마음으로 살아가야 합니다.

찬송_ 380장(나의 생명되신 주)

넓은 아량

그런즉 너희는 차라리 그를 용서하고 위로할 것이니 그가 너무 많은 근심에 잠길까 두려워하노라. 그러므로 너희를 권하노니 사랑을 그들에게 나타내라 고린도후서 2:7-8

 오늘 말씀에는 바울 사도가 고린도 교회를 방문하지 않는 이유가 나옵니다. 고린도 교회 성도들을 아끼는 바울 사도의 넓고 깊은 사랑에 감격하지 않을 수 없습니다. 성경에 나오는 여러 교회 중 가장 문제가 많고 책망 받아 마땅한 교회가 고린도 교회입니다.

만일 범죄 한 교인들이 회개하지 않고 바울이 고린도 교회를 방문했다면 그들을 엄하게 책망했을 것입니다. 바울은 범죄 한 고린도 교회 성도들이 회개하기를 기다렸고, 근심으로 나아가지 않고 기쁨으로 나아가기를 원했습니다. 한 사람이라도 상처 받거나 다치지 않게 하려는 바울의 마음입니다.

예수님은 일흔 번씩 일곱 번이라도 용서하라고 하셨습니다. 하나님의 자비로운 용서가 없었다면 제대로 살 수 있는 인생이 과연 얼마나 될까요? 하나님은 죄인들에 대해 오래 참으시고 용서하기를 기뻐하는 분입니다. 우리는 이런 하나님을 아버지라고 부릅니다. 당연히 우리는 아버지의 성품을 닮아가야 할 것입니다.

그러나 성도라고 하면서도 너무 가혹하고 잔인한 사람들이 많습니다. 어떤 사람에게 잘못이나 실수가 발견되면 정죄하고 손가락질하고 침소봉대하며, 그 사람의 마음을 더욱 어둡게 만들어버립니다. 의롭다고 자처하던 바리새인들은 간음하다 현장에서 잡힌 한 여인을 끌고 와서 단호하게 정죄하면서 돌로 쳐 죽여야 한다고 주장했습니다. 그때 예수님께서는 "누구든지 죄 없는 자가 먼저 돌로 치라"고 말씀하셨습니다. 그러자 뜨끔해진 사람들은 하나둘씩 그 자리를 떠났습니다. 죽음의 위기에 놓였던 여인에게 예수님은 말씀하셨습니다. "나도 너를 정죄하지 않겠다. 다시는 죄를 짓지 말라"(요 8:11). 이 말씀은 용서받았으니 이제는 새로운 삶을 살라는 것입니다.

우리는 다른 사람들에게 가혹한 심판자로 서면 안 됩니다. 우리는 오래 참으시고 용서하기를 기뻐하시는 하나님의 넓은 마음을 닮아가야 합니다.

찬송_ 276장(아버지여 이 죄인을)

물가에 심은 나무

그는 물 가에 심어진 나무가 그 뿌리를 강변에 뻗치고 더위가 올지라
도 두려워하지 아니하며 그 잎이 청청하며 가무는 해에도 걱정이 없
고 결실이 그치지 아니함 같으리라 예레미야 17:8

시냇가에 심은 나무는 쉽게 메마르지 않습니다. 그래서 더위와 가뭄이 올지라도 두려워하지도 걱정하지도 않습니다. 그 잎은 늘 푸르고 청청해서 풍성한 결실이 그치지 아니합니다. 나무에 가장 필요한 것은 넉넉한 물입니다. 뿌리에 물만 넉넉하면 더위가 올지라도 문제가 되지 않습니다. 햇볕이 뜨거울수록 좋습니다. 사막에서도 뿌리에 물만 공급되면 달고 맛있는 열매를 맺을 수 있습니다.

이스라엘은 국토의 대부분이 사막이지만 국가 수출의 절반 이상이 농산물인 농업국입니다. 유럽의 고급 레스토랑이나 호텔에는 이스라엘의 채소와 과일이 공급되고 있습니다. 사막에서 자란 과일과 채소는 당도가 높고 품질이 뛰어나기 때문입니다. 사막에도 물만 공급되면 일반 농지보다도 더 좋은 결실을 얻을 수 있습니다.

어떤 땅이든 삼 년만 비가 오지 않으면 사막이 된다고 합니다. 사람도 마찬가지입니다. 우리 인생에 거룩한 생수가 끊기면 그 심령은 금방 황폐한 사막이 될 것입니다. 거룩한 생수가 끊어지면 인간성은 파괴되고 그가 가진 다양한 지식도, 경험도, 물질도 쓸모없는 것이 됩니다. 오히려 다른 사람을 괴롭히는 데 쓰는 자원이 될 것입니다.

우리 인생의 생수의 근원은 '여호와 하나님'입니다. 생수의 근원이신 하나님께 연결되려면 어떻게 해야 할까요? 첫째, 성경을 가까이해야 합니다. 하나님의 말씀은 생수입니다. 황폐한 영혼 속에 하나님 말씀이 들어가면 개인과 가정과 나라가 흥왕할 것입니다. 둘째, 기도해야 합니다. 기도는 하나님의 능력을 내 인생으로 끌어오는 파이프라인과 같습니다. 기도하면 모든 것이 소생하고 회복할 것입니다.

우리는 생수이신 하나님의 말씀을 읽고 듣고 기도하는 일에 힘써야 합니다. 그러면 주님의 기쁨을 누리고 열매 맺는 인생이 될 것입니다.

찬송_ 258장(샘물과 같은 보혈은)

생명의 물

그가 내게 이르시되 이 물이 동쪽으로 향하여 흘러 아라바로 내려가
서 바다에 이르리니 이 흘러 내리는 물로 그 바다의 물이 되살아나리
라. 이 강물이 이르는 곳마다 번성하는 모든 생물이 살고 또 고기가
심히 많으리니 이 물이 흘러 들어가므로 바닷물이 되살아나겠고 이
강이 이르는 각처에 모든 것이 살 것이며 에스겔 47:8-9

물은 생명의 근본입니다. 세계 4대 문명도 물이 있는 강
을 중심으로 발생했습니다. 물이 인간의 생존에 얼마나
중요한지를 단적으로 보여 주는 증거입니다.

에스겔은 예루살렘 성전에서 솟아난 물이 흘러내려 가서 그
주변과 죽었던 바다가 살아나는 이야기를 합니다. "그가 내게
이르시되 이 물이 동쪽으로 향하여 흘러 아라바로 내려가서 바
다에 이르리니 이 흘러 내리는 물로 그 바다의 물이 되살아나리
라"(겔 47:8).

아라바는 팔레스타인 저지대의 황무지를, 바다는 소금기가
많아 생명이 살 수 없는 사해를 가리킵니다. 성전에서 흘러내린
물이 생명수가 되어서 황무지가 소성되고 바다가 되살아 난 것

입니다.

우리에게도 이런 물이 필요합니다. 예수님은 수가성 우물가에서 만난 사마리아 여인에게 다른 물이 있다고 말씀하십니다. "내가 주는 물을 마시는 자는 영원히 목마르지 아니하리니 내가 주는 물은 그 속에서 영생하도록 솟아나는 샘물이 되리라"(요 4:14). 또한 요한복음 7장에서는 예수님께서 외쳐 이르십니다. "누구든지 목마르거든 내게로 와서 마시라. 나를 믿는 자는 성경에 이름과 같이 그 배에서 생수의 강이 흘러나오리라 하시니 이는 그를 믿는 자들이 받을 성령을 가리켜 말씀하신 것이라"(요 7:37-39).

배에서 솟아나는 생수, 성령의 생수가 없으면 개인과 그 시대와 나라는 사막화될 것입니다. 그러나 성령의 생수가 임하면 땅이 살아나고 생명이 살아나서 결실의 때가 이르면 열매를 맺을 것입니다. 물이 죽어가는 동물과 식물, 인간을 살리듯이 하나님은 생수이신 예수 그리스도를 통해 영원히 죽을 인생을 살리십니다. 세상의 어둠을 두려워하지 말고 인생의 생수 되시는 예수님을 더욱더 신뢰하고 의지해야 합니다.

찬송_ 182장(강물같이 흐르는 기쁨)

전능자의 그늘

지존자의 은밀한 곳에 거주하며 전능자의 그늘 아래에 사는 자여

시편 91:1

 예수 그리스도의 신실한 증인이었던 에콰도르의 선교사 짐 엘리엇의 삶과 신앙에 대하여 그의 아내였던 엘리자베스 엘리엇이 쓴 《전능자의 그늘 *Shadow of the Almighty*》이라는 책이 있습니다. 짐 엘리엇은 휘튼 대학을 수석으로 졸업한 후, 그토록 간절히 바랐고 사랑했던 남미 에콰도르의 악명 높은 아우카 부족에게, 복음은 전하지도 못하고 잔인하게 그들의 창과 화살에 살해되었습니다. 당시 엘리엇의 나이 28세였습니다.

미국의 시사 잡지 〈라이프〉에서는 이 사건을 다루면서 "이 얼마나 불필요한 낭비인가What a unnecessary waste"라는 의문을 제기했습니다. 엘리자베스 엘리엇은 그에 대한 답으로 《전능자의 그늘》을 썼습니다.

이 책을 통해 그녀는 말합니다. "세상은 그것을 낭비이고 비극적인 악몽이라고 했습니다. 하지만 나의 남편은 책임과 자기의 목표를 달성하고 죽은 행복한 사람입니다. 남

편은 어렸을 때부터 이 순간을 위해 준비했던 사람입니다. 남편은 고통이 전혀 없는 천국, '전능자의 그늘 아래'에 영원히 거주하게 되었습니다. '영원한 것을 얻고자 영원할 수 없는 것을 버리는 자는 바보가 아니다'라는 그의 고백처럼 이것이 그의 신앙이고 삶이었습니다."

영원한 것, 즉 하나님이 주시는 소망과 그분의 뜻을 위해 이 세상에서 영원할 수 없는 생명을 바쳤습니다. 우리는 현세에서 고통과 재난을 겪고 천국에 갈 수도 있습니다. 또 세상의 고통과 재난 속에서 하나님의 은혜와 보호를 체험할 수도 있습니다.

그 후 간호사 훈련을 받은 엘리자베스는 남편을 무참히 살해한 아우카 부족에게 들어가 함께 살면서 선교 사역을 감당했습니다. 10년 후에 다섯 명의 선교사 가슴에 창과 화살을 꽂았던 키모는 최초의 목사가 되었고, 또 한 사람인 만카이는 장로가 되었습니다. 엘리엇이 순교한 지 36년 만인 1992년에는 아우카 부족 언어로 신약 성경이 봉헌되었습니다.

우리는 어려운 일을 당할 때마다, 정말 하나님은 살아 계시고 우리를 보호하시는지 의문을 품습니다. 그러나 하나님은 우리보다 더 높고 깊은 계획을 갖고 계십니다. 우리의 삶 속에서 하나님은 그분의 뜻을 이루어 가시고, 풍성하고 놀라운 열매를 맺어 가십니다.

찬송_ 543장(어려운 일 당할 때)

서로 문안하라

아시아의 교회들이 너희에게 문안하고 아굴라와 브리스가와 그 집
에 있는 교회가 주 안에서 너희에게 간절히 문안하고 모든 형제도
너희에게 문안하니 너희는 거룩하게 입맞춤으로 서로 문안하라. 나
바울은 친필로 너희에게 문안하노니 만일 누구든지 주를 사랑하지
아니하면 저주를 받을지어다. 우리 주여 오시옵소서. 주 예수 그리
스도의 은혜가 너희와 함께 하고 나의 사랑이 그리스도 예수 안에서
너희 무리와 함께 할지어다 고린도전서 16:19-24

코로나19로 인한 어려움 가운데 하나가 고립입니다. 전
염병은 사람과 사람 사이를 멀어지게 합니다. 충분한 거
리를 확보해야만 안전을 지킬 수 있기 때문입니다.

함께 모여 식사하며 한 주간 동안 살아온 이야기를 나누고,
서로를 이해하고 기도하는 시간은 예배드리는 시간만큼이나 소
중하고 중요합니다. 그러나 요즘은 이런 모임조차도 온라인으로
해야 하는 시절입니다.

성경은 하나님과 우리 그리고 성도와 성도의 관계를 가족에
비유합니다. 혈연으로 맺어진 가족이 아니라, 같은 믿음과 사랑

으로 맺어진 천국 가족입니다. 그러므로 성도들은 서로의 삶을 살피고, 어려울 때 위로하고, 낙심할 때 격려해야 합니다.

위로하고 격려하기 위해 직접 찾아가서 만나고, 손이라도 살포시 잡아준다면 더 힘이 되겠지만, 전화로도 할 수 있고 문자나 손편지로 마음을 표현할 수도 있습니다. 생각해 보면 마음을 표현할 수 있는 방법은 다양합니다.

바울 사도는 '서로 문안하라'고 권면합니다. 말을 주고받는 것이 어려우면 문자로 하고, 그마저 어려울 때는 서로 기도함으로 시작하면 좋겠습니다. 그동안 한 번도 연락한 적이 없거나 생각나는 사람이 있다면 먼저 안부 문자를 보내기 바랍니다. 축전 행문(祝電幸文)—축복의 전화, 행복한 문자. 서로의 안부를 묻고 축복하고 문안함으로 풍성한 사랑의 교제가 이루어지는 성도의 삶이 되어야 합니다.

찬송_ 220장(사랑하는 주님 앞에)

내가 의지할 기둥, 십자가

오직 부르심을 받은 자들에게는 유대인이나 헬라인이나 그리스도는 하나님의 능력이요 하나님의 지혜니라. 하나님의 어리석음이 사람보다 지혜롭고 하나님의 약하심이 사람보다 강하니라 고린도전서 1:24-25

 담쟁이는 자기 몸 하나 바로 세울 수 없는 연약한 식물이지만, 벽을 의지하면 높은 곳까지 올라갈 수 있습니다. 그러면 거센 비바람이 불어도 끄떡없습니다. 벽이 튼튼한 기둥이 되어 주기 때문입니다. 인생도 마찬가지입니다. 어제도 넘어졌고, 오늘도 넘어질지 모르지만, 예수님은 우리가 넘어졌을 때 왜 그것밖에 안 되느냐고 질책하지 않습니다. 그분은 따뜻한 손을 내밀며 잡으라고 하십니다. 튼튼한 기둥인 나를 붙잡고 다시 일어서라고 하십니다.

우리는 새해, 매월의 첫날 그리고 매일 아침에 좀 더 열심히 살아보겠다고 다짐합니다. 그러나 몇 걸음 걷다 넘어지는 것이 우리입니다. 우리는 넘어짐을 반복할 때마다 '하나님, 다시 잘해볼게요.'라고 다짐합니다. 그러나 우리에게 필요한 것은 더 잘해보겠다는 다짐과 결단이 아니라, 예수 그리스도의 십자가를 꼭 붙드는 것입니다. 그러면 아무리 거센 바람이 불어도 넘어지지 않습니다. 세상의 그 어떤 것도 십자가와 하나 된 우리를 넘어트릴 수 없습니다. 십자가와 하나 되어 있을 때, 십자가의 능력이 곧 내 능력이기 때문입니다.

사람들은 어리석어 보이는 십자가보다 좀 더 즐겁고 신나고 멋있는 것을 찾습니다. 그러나 바울 사도는 십자가가 하나님의 능력이며 나를 지켜주는 든든한 기둥이라고 선포합니다. 하나님의 약함이 사람보다 강하기 때문입니다. 십자가의 기둥이 되기 위해 하늘 보좌를 버리고 이 땅에 오신 예수님을 묵상하며, 그분의 십자가를 꼭 붙들어야 합니다.

찬송 _ 439장(십자가로 가까이)

치료하시는 하나님

이르시되 너희가 너희 하나님 나 여호와의 말을 들어 순종하고 내가
보기에 의를 행하며 내 계명에 귀를 기울이며 내 모든 규례를 지키면
내가 애굽 사람에게 내린 모든 질병 중 하나도 너희에게 내리지 아니
하리니 나는 너희를 치료하는 여호와임이라 출애굽기 15:26

일본의 핍박 속에서도, 한국전쟁 속에서도 드렸던 예배
가 팬데믹 상황에서는 잠시 멈출 수밖에 없었습니다. 이
는 마치 이스라엘 백성이 만난 마라의 시간과 같은 쓴 고통의
시간입니다. 그때나 지금이나 이런 상황이 되면 원망하는 사람
이 있는가 하면 모세처럼 기도하는 사람이 있습니다. 우리는 모
세처럼 민족을 새롭게 하시고 치료하시도록 기도해야 합니다.

특별히 모세가 기도할 때 한 나무를 던졌더니 쓴물이 단물이
되었듯이, 우리가 기도할 때 십자가를 통해 이 고난이 해결될 줄
믿습니다. 십자가는 인생의 쓴 물을 단물로 바꾸는 도구입니다.
인생의 마라를 만났을 때 피할 최적의 장소가 십자가 그늘 밑입
니다. 이처럼 마라를 피하지 않고 십자가를 지면 신기하게 상황
은 변화되고 역전됩니다.

우리는 집에서든 일터에서든 이집트 사람들에게 내린 질병 중 하나라도 이스라엘 백성에게는 내리지 않겠다고 하신 여호와 라파 치료자 하나님을 더 가까이하고, 십자가를 가까이해야 합니다.

로마 시대에 천연두가 창궐해 거리마다 시신이 넘쳐났을 때 카타콤의 그리스도인들은 죽음을 두려워하지 않고 밤마다 시신을 수습했습니다. 그들은 시대의 평화의 푸른 별이 되었습니다. 우리도 담대한 믿음과 기도와 사랑으로 빛의 삶을 살아가야 합니다. 나와 가족과 이웃의 안전을 위해 방역 지침을 잘 지킬 때 여호와 라파 치료의 하나님께서 절망 속에서 소망의 새 역사를 쓰게 하실 것입니다.

찬양_ 예수 나의 치료자

멈추지 말고 기도해야 할 때

다니엘이 이 조서에 왕의 도장이 찍힌 것을 알고도 자기 집에 돌아
가서는 윗방에 올라가 예루살렘으로 향한 창문을 열고 전에 하던 대
로 하루 세 번씩 무릎을 꿇고 기도하며 그의 하나님께 감사하였더라

다니엘 6:10

 얼마 전 전화 한 통을 받았습니다. 병원에 입원한 어느
성도의 전화였습니다.

"목사님, 병원 침대에 누워 있으니 그동안 건강하게 산 삶이
너무 감사했습니다. 그리고 예배가 얼마나 소중한 것인지를 깨
달았습니다. 영상으로 예배드리는 병원 침대도 뜨거운 은혜의
장소였습니다. 기도하니 힘이 납니다. 감사합니다."

우리는 있을 때는 잘 모르다가 잃어버린 후에야 그 소중함을
알게 됩니다. 건강도, 가족도 그리고 함께하는 모든 이의 소중함
을 잃은 후에 조금 늦게 깨닫습니다.

예배도 마찬가지입니다. 신앙생활하면서 예배가 중단되어 영
상으로 예배드릴 줄 세상 그 누가 상상이나 했겠습니까? 전에는
예배 시간에 지각도 하고, 딴생각도 하고, 졸기도 하고 예배가

빨리 끝나기를 바라던 적도 있었습니다. 현장 예배를 잃고 보니 새삼 우리가 드렸던 새벽 예배, 수요 예배, 금요 심야 기도회, 주일 예배가 너무나 귀하다는 것을 느낍니다.

다니엘도 바벨론의 포로로 끌려가 예배드릴 수 없는 상황이 되자 예배가 더 간절해졌고 위기 앞에서 기도하며 예배를 멈추지 않았습니다. 기도할 때마다 하나님은 다니엘을 위기에서 구하셨고 더 귀하게 세워주셨습니다.

함께 모여 예배드리는 것이 힘든 시기이고, 곳곳에서 들리는 소식들은 우리의 마음을 위축하게 합니다. 그러나 우리는 다니엘처럼 멈추지 말고 기도해야 합니다. 걱정되고 복잡한 마음을 기도하며 오늘 하루를 시작해 보기 바랍니다. 하나님은 오늘도 우리를 지키시고 이 민족을 회복하실 것입니다.

찬양_ 기도할 수 있는데 왜 걱정하십니까

벽을 넘어서

생각하건대 현재의 고난은 장차 우리에게 나타날 영광과 비교할 수
없도다 로마서 8:18

 살다 보면 무언가 꼭 막힌 것 같은 느낌이 들 때가 있습
니다. 앞으로도 뒤로도 옴짝달싹할 수 없는 거대한 벽을
만날 때가 있습니다. 어느 날 책 정리를 하다가 도종환의 '담쟁
이'라는 시를 읽었습니다.

저것은 벽
어쩔 수 없는 벽이라고 우리가 느낄 때
그때
담쟁이는 말없이 그 벽을 오른다
물 한 방울 없고 씨앗 한 톨 살아남을 수 없는
저것은 절망의 벽이라고 말할 때
담쟁이는 서두르지 않고 앞으로 나아간다
한 뼘이라도 꼭 여럿이 함께 손을 잡고 올라간다
푸르게 절망을 다 덮을 때까지

바로 그 절망을 잡고 놓지 않는다
저것은 넘을 수 없는 벽이라고 고개를 떨구고 있을 때
담쟁이 잎 하나는 담쟁이 잎 수천 개를 이끌고
결국 그 벽을 넘는다.

담쟁이는 정말 우직하고 도무지 절망을 모르는 것 같습니다. 담쟁이는 물 한 방울 없고 씨앗 한 톨 살아남을 수 없는 절망의 벽이라도 타고 올라갑니다. 현재의 고난은 장차 우리에게 나타날 영광과 비교할 수 없습니다. 우리 주님은 십자가를 지며 고난의 길을 가셨지만, 마침내 그 고난의 벽을 넘어 부활의 역사를 이루셨습니다. 주님을 뒤따라 삶의 자리에서 십자가의 길을 걸을 때 웃는 소망의 날이 올 것입니다. 어떤 경우에도 하나님은 우리를 포기하지 않으십니다.

찬송_ 487장(어두움 후에 빛이 오며)

부활 신앙

내가 진실로 진실로 네게 이르노니 네가 젊어서는 스스로 띠 띠고 원
하는 곳으로 다녔거니와 늙어서는 네 팔을 벌리리니 남이 네게 띠 띠
우고 원하지 아니하는 곳으로 데려가리라. 이 말씀을 하심은 베드로가
어떠한 죽음으로 하나님께 영광을 돌릴 것을 가리키심이러라. 이 말씀
을 하시고 베드로에게 이르시되 나를 따르라 하시니 요한복음 21:18-19

케빈 레이놀즈 감독의 〈부활〉이라는 영화가 있습니다.
〈부활〉은 예수님의 십자가 사건 현장에 있었던 로마군
장교의 변화를 성경적 사실에 바탕을 두고 만든 영화입니다. 주
인공은 십자가에서 죽은 예수가 제자들과 함께 있는 부활을 목
격하는 순간, 들고 있던 칼을 내려놓고 로마인의 상징이었던 반
지까지 빼버리고 변화된 삶을 살아갑니다. 빌라도 총독 앞에서
부와 권력을 누리며 살고 싶다고 말했던 주인공은 부활한 예수
님을 증언하며 살아가겠다고 고백하며 영화는 끝이 납니다.
영화를 보고 깨닫는 것은, 예수님의 부활을 세상 사람들에게
납득시키는 것은 쉽지 않지만 변화된 삶이 증거가 될 때 부활의
신비와 능력을 이해하기 시작할 것입니다.

베드로는 부활하신 주님을 만나기 전에는 세 번이나 예수님을 부인하며 변화되지 않은 삶을 살았습니다. 그러나 부활하신 주님을 만난 이후 앉은뱅이를 일으키고, 죽은 자를 살리고, 감옥에 들어가도 겁을 내지 않는 놀라운 부활의 증인이 되었습니다.

예수님의 십자가 현장에서 도망쳤던 베드로가 죽음의 두려움을 넘어 순교를 각오하며 역동적인 사역을 할 수 있었던 것은 바로 '부활 신앙'의 체험 때문입니다. 우리도 일상에서 베드로처럼 예수님의 부활이 지닌 경이로움과 신앙을 나타내며 살아갑시다. 세상 사람들과 다른 변화된 삶을 살아내며 거룩한 영향력을 드러내는 부활의 증인으로 살아갑시다.

찬양_ 살아 계신 주

내 인생의 꽃을 피우기 위해

이는 내 생각이 너희의 생각과 다르며 내 길은 너희의 길과 다름이
니라 여호와의 말씀이니라 이는 하늘이 땅보다 높음 같이 내 길은
너희의 길보다 높으며 내 생각은 너희의 생각보다 높음이니라

이사야 55:8-9

어떤 사람이 정원을 덩굴장미로 아름답게 꾸미고 싶다
는 소망으로 열심히 가꾸었습니다. 그런데 몇 년이 지나
도 꽃 한 송이 피지 않았습니다. 참다못한 그는 장미를 판 원예
사를 찾아갔습니다.

"물도 주고 거름도 주고 온갖 정성을 기울였습니다. 가지는
무성히 자라는데 꽃은 피지 않습니다. 어찌 된 것입니까?"

"그 장미는 정원에서 가장 척박한 곳에 심어야 합니다. 모래
와 자갈이 있는 땅에 심고 거름을 주면 안 됩니다. 불필요한 가
지는 과감하게 잘라버리세요. 그러면 꽃이 필 것입니다."

우리의 환경이 척박하기 그지없을 때가 있습니다. 가지가 잘
려 나가듯 내가 의지했던 것들이 잘려 나가고, 사람들이 나를 저
버릴 때도 있고, 물질이나 건강이 나를 떠날 때도 있습니다. 또

한 기름지지 않은 환경 속에, 모래와 자갈같이 불편하고 힘든 곳에 처하기도 하고, 생명줄로 여겼던 돈, 명예, 건강, 가족이 가지치기 될 때가 있을 것입니다.

우리 인생은 내가 열심히 한다고 해서 모든 것이 내 뜻대로 되지는 않습니다. 바로 그때 나를 만들어 가시는 창조주 하나님의 손길을 느낄 수 있어야 합니다. 그 모든 시간에도 창조주 하나님의 계획은 나의 계획과 다르다는 것과 그분의 길이 최선임을 믿어야 합니다. 왜냐하면 창조주 하나님은 나를 꽃피우실 최선의 방법과 때를 알고 계시기 때문입니다.

'내 인생의 꽃이 피기 위함이다'라는 믿음으로 오늘 하루도 소망을 노래하는 우리가 되었으면 좋겠습니다. 그러면 하나님께서 반드시 우리를 아름다운 꽃을 피우는 인생으로 만들어 가실 것입니다.

찬양_ 꽃들도

모세의 가정에서 배울 점

이드로가 이르되 여호와를 찬송하리로다 너희를 애굽 사람의 손에서
와 바로의 손에서 건져내시고 백성을 애굽 사람의 손 아래에서 건지
셨도다 출애굽기 18:10

출애굽기 18장에는 모세가 그의 아내, 두 아들 그리고 장
인 이드로와 만나는 장면이 나오는데, 모세의 가정에서
배울 점 세 가지를 살펴보겠습니다.

첫째, 맡김의 삶입니다.

모세는 민족 구원의 사명을 이루기 위해 가족과 떨어져 살아
야 했습니다. 가족의 삶을 하나님께 맡겼습니다. 값비싼 대가를
지불한 것입니다. 하나님을 붙잡으면 하나님이 내 가정을 책임
진다는 것을 알았기 때문입니다. 우리도 아침에 아이들이 "학교
다녀오겠습니다" 하고 문을 나서는 순간부터는 내가 지킬 수 없
습니다. 전능하신 하나님께 맡길 때 하나님께서 책임져 주십니
다. 모세의 두 아들이 잘 성장하여 아버지를 만난 것이 그 증거
입니다.

둘째, 겸손의 삶입니다.

7절에 "모세가 나가서 그의 장인을 맞아 절하고 그에게 입 맞추고 그들이 서로 문안하고 함께 장막에 들어가서"라는 표현이 나옵니다. 200만 명을 이끄는 지도자라면 다른 사람을 보내도 될 것 같은데, 모세는 겸손하게 장인 이드로를 맞아 존경심과 기쁨을 표했습니다. 높은 지위에 올라 위세 부릴 수 있었지만, 모세는 겸손함을 잃지 않았습니다. 이 겸손함 속에서 그의 권위와 리더십이 나왔습니다.

셋째, 삶으로 보여 주는 신앙입니다.

모세는 오랜만에 만난 가족에게 그동안 있었던 출애굽 사건을 간증했습니다. 간증을 들은 이드로는 하나님을 찬송했습니다. 미디안 제사장인 그가 모세의 간증을 듣고 신앙 고백을 하며 하나님께 예배드립니다. 그가 어떻게 하나님 신앙을 가지게 되었을까요? 모세가 삶으로 보여 준 신앙 때문입니다. 이드로의 고백을 보면 모세는 40년 동안 장인이 인정할 만한 삶을 살았다는 것을 짐작할 수 있습니다. 오랜만에 만난 모세의 가정에 은혜가 가득합니다. 우리의 가정에도 훈훈한 은혜의 간증이 가득하기를 소망합니다.

찬양_ 믿음의 가정

원망하면 늦어집니다

이스라엘 자손 온 회중이 그 광야에서 모세와 아론을 원망하여

출애굽기 16:2

여러분은 약속 시간에 늦을 때가 있습니까? 이스라엘 백성은 이집트를 탈출하여 하나님께서 약속한 땅에 들어가는 데 무려 40년이나 늦었습니다. 이스라엘 백성이 40년이나 늦은 이유는 무엇입니까? 그들은 광야를 걷는 내내 원망을 일삼았습니다.

이스라엘 백성이 했던 원망의 내용은 이러합니다. 물이 없다, 먹을 것이 없다, 고기를 달라, 우리가 어떻게 승리하냐, 이집트에서 죽는 것이 좋을 뻔하였다. 이런 원망과 불평불만으로 인해 그들은 광야에서 40년이라는 세월을 보내야 했습니다.

히브리어로 원망은 '원망하다, 불평하다'라는 뜻 이외에 '밤새워 머무르다, 유숙하다'라는 뜻도 있습니다. 이스라엘 백성은 이집트를 탈출했지만, 여전히 그들의 믿음은 밤에 머물러 있었습니다. 그래서 그들의 입에서 원망이 떠나지 않은 것입니다. 그 원망들이 쌓이고 쌓여서 광야에서 유숙하는 날이 많아졌습니다.

원망했기 때문에 늦어진 것입니다.

이러한 이스라엘 백성의 모습을 통해서 우리의 믿음과 생각이 어디에 머물러 있는지 돌아봐야 합니다. 하나님은 우리를 어두움에서 구원해 내셨습니다. 그런데 여전히 우리의 믿음과 생각이 어두움에 머물러 있을 때가 있습니다. 그럴 때 우리는 원망하고 불평하게 됩니다.

원망하고 불평하면 우리를 통하여 이루실 하나님의 계획은 밤에 머무르게 됩니다. 점점 늦어지게 됩니다. 우리는 불평과 원망의 자리에서 벗어나 감사함의 자리로 나아가야 합니다. 지금은 꽃처럼 향기 나는 삶이 아닐지라도 그 안에서 겨자씨 한 알만한 감사를 찾아내서 감사하는 것이 하나님의 약속된 복을 받는 지름길입니다.

찬송_ 428장(내 영혼에 햇빛비치니)

축제가 되는 우리의 일상

사람이 먹고 마시며 수고하는 것보다 그의 마음을 더 기쁘게 하는 것은 없나니 내가 이것도 본즉 하나님의 손에서 나오는 것이로다 전도서 2:24

 어느 TV 프로그램에서 진행자가 농부에게 이런 질문을 합니다. "행복이 무엇이라고 생각하세요?"

"평안한 일상이지요. 아침에 눈을 뜨면 아이들이 일어나는 소리를 듣고, 같이 아침밥을 먹고, 아이들이 떠들며 노는 소리를 듣고, 저녁이면 아이들이 머리를 맞대고 자는 것을 볼 수 있는 것이 행복이지요."

그의 평범한 행복론이 시골 공기처럼 신선하게 다가왔습니다. 칼 붓세의 '저 산 너머'라는 시가 있습니다.

산 너머 저쪽 하늘 멀리
행복이 있다고 말들 하건만
아, 남 따라 행복을 찾아갔다가
눈물만 머금고 돌아왔다네
산 너머 저쪽 하늘 저 멀리

행복이 있다고 말들 하건만.

동화 《파랑새》의 주인공 틸틸과 미틸처럼 행복의 파랑새를 찾아 헤매는 우리에게 행복은 멀리 있는 것이 아니라, 내 가정에, 내 일상에 있음을 깨닫게 합니다. 농부의 말처럼 가족이 한 자리에서 일어나고, 함께 떠들고, 함께 식사하고, 머리를 맞대고 잠을 잘 수 있다는 것이 행복 아닐까요? 가족 중 한 사람이라도 아파서 한 식탁에 앉을 수 없다면, 사고로 함께 있을 수 없다면 어떠하겠습니까? 일상이 깨어졌을 때 우리가 늘 누리던 평범하기 그지없는 일상이 얼마나 소중한지를 느끼게 됩니다.

찬양 '하연이에게'에 이런 가사가 있습니다. "약하고 어리석은 나 자신을 본다 해도 그 모습 그대로를 사랑할 수 있으며 비교하기보다는 나 자신을 가꿔가고 우리를 사랑하신 그분을 믿으며 외로운 사람들 품에 안아줄 수 있도록 우리 맘속에 소중한 것을 간직하며 살아요."

행복은 아주 먼 곳에 있지 않습니다. 늘 우리 곁에 있었습니다. 다만 누리지 못할 뿐입니다. 행복하지 않다는 생각에서 벗어나 나에게 주어진 일상을 기쁨으로 살아가면 우리의 소소한 일상은 축제가 될 것입니다.

찬양_ 하연이에게

하나님과 함께 걷는 광야

낮에는 구름 기둥, 밤에는 불 기둥이 백성 앞에서 떠나지 아니하니라

출애굽기 13:22

출애굽기를 읽다보면 40년간 광야를 방황한 것이 억울할 것 같은 사람들이 있습니다. 바로 모세, 여호수아, 갈렙입니다. 불순종하는 이스라엘 백성 때문에 그들은 광야에서 삶을 허비해야만 했습니다. 그런데 그들은 그 긴 세월동안 불평하지 않았습니다. 왜 불평하지 않았을까를 묵상하다가 '광야를 지나며'라는 찬양 가사가 생각났습니다.

왜 나를 깊은 어둠 속에 홀로 두시는지
어두운 밤은 왜 그리 길었는지 나를 고독하게 나를 낮아지게
세상 어디도 기댈 곳이 없게 하셨네
광야 광야에 서 있네
주님만 내 도움이 되시고 주님만 내 빛이 되시는
주님만 내 친구 되시는 광야
주님 손 놓고는 단 하루도 살 수 없는 곳

광야 광야에 서 있네.

낮에는 너무 뜨겁고 저녁에는 너무 춥고, 모래폭풍이 불어오는 그 힘든 광야에서 변덕이 심한 이스라엘 백성 속에서 그들은 단 하루도 주님 손을 놓고는 살 수 없음을 깨달으며 살았습니다.

모세, 여호수아, 갈렙과 함께하신 하나님은 우리와 함께 고단하고 어두운 광야를 걷고 계십니다. 불기둥과 구름기둥으로 우리의 삶을 지키시고, 만나와 메추라기로 우리의 필요를 채우시고, 상대할 수 없는 상대와의 싸움에서 이기게 하시며 우리에게 부족함이 없도록 공급하십니다.

하나님과 함께 걸으면 그곳이 이집트든 광야든 가나안이든 중요하지 않습니다. 사랑하는 사람과 함께라면 무엇을 먹어도, 어디를 가도, 무엇을 해도 행복한 것처럼 말입니다. 모세, 여호수아, 갈렙은 이 사실을 알았습니다.

우리는 누구나 답답하고 지루하고 힘든 광야를 지나가는 때가 있습니다. 그러나 하나님은 오늘도 여전히 우리와 동행하며 응원해 주십니다. 오늘 나에게 주어진 소중한 하루를 그분과 함께 숨 쉬며 살아가기 바랍니다.

찬양_ 광야를 지나며

하나님과의 밀도의 시간, 기도

새벽 아직도 밝기 전에 예수께서 일어나 나가 한적한 곳으로 가사 거기서 기도하시더니 마가복음 1:35

 유영만, 고두현이 쓴《곡선이 이긴다》라는 책에 이런 내용이 나옵니다.

"사람은 누구나 빨리 가고 싶어 하지만, 속도를 내는 우리가 어디로 향해 가는 것일까? 근본적인 질문을 던지는 사람은 많지 않습니다. 무작정 달리고 있는 것이지요. 이런 질주는 결국 정체로 이어집니다. 우리는 곡선 위에서 삶의 의미를 깨닫습니다. 삶이 사색을 하라고, 깊은 통찰을 얻으라고 마련해 준 곡선의 시공간 속에서 우리는 비로소 나만의 꿈을 깨닫습니다. 그것 없이 외부에서 주어진 남의 꿈, 가공의 목표만을 바라보며 질주하는 삶은 금세 정체될 수밖에 없습니다. 인생을 살면서 맞닥뜨리게 되는 곡선 구간은 어쩌면 우리에게 삶을 살피고 다시 생각해 보라고 만들어둔 완행 구간인지도 모릅니다."

우리는 때때로 속도에 매어 존재하지도 않는 속도의 환상에 휘둘려 살 때가 있습니다. 다른 사람들의 속도를 의식하고 비교한 적이 있다면 속도의 지배를 받고 있다는 증거입니다.

완행 구간 곡선의 시대에 우리가 관심 가져야 할 것은 속도가 아니라 밀도입니다. 속도는 남과의 경쟁이지만 밀도는 자신과의 경쟁입니다. 속도는 빨리 가는 방법에 관심이 많은 반면, 밀도는 내면의 결핍된 욕구를 채우는 데 의미를 부여합니다. 내 영성의 밀도가 온전히 채워지지 않으면 그 어떤 성공도, 성취도 해로운 것에 불과합니다.

속도에 쏟아 부었던 에너지를 자신의 밀도를 견고하게 만드는 길을 예수님에게서 배웁니다. 예수님은 바쁜 사역 사이사이에 꼭 시간을 두어 기도하시며 하나님과의 밀도의 시간을 가지셨습니다. 이 밀도의 기도 시간이 병자를 치유하고 사람을 살리는 예수님의 능력이 되었습니다. 오늘도 하나님과의 깊은 밀도의 시간을 갖고, 하나님의 임재를 경험하며 세상 속에서 능력 있게 살아가야 합니다.

찬양_ 임재

낙타 무릎

인내를 온전히 이루라. 이는 너희로 온전하고 구비하여 조금도 부족함이 없게 하려 함이라 야고보서 1:4

"나는 누구일까요? 나는 눈썹이 아주 매력적입니다. 긴 다리를 가지고 있습니다. 큰 혹을 짊어지고 있습니다. 발바닥에는 지방으로 된 쿠션이 있습니다. 무릎에는 굳은살이 많습니다. 나는 위기를 맞으면 술수를 쓰지 않고 정공법으로 승부수를 던지며 도전합니다."

정답은 낙타입니다. 낙타는 사막에서 쉴 그늘이 없는 위기를 맞으면, 햇볕 쪽으로 얼굴을 마주한다고 합니다. 이상하지요? 햇볕을 등지면 몸의 넓은 부위가 뜨겁지만, 마주 보면 얼굴은 햇빛을 받아도 몸에는 그늘이 만들어지는 것입니다. 낙타는 이렇게 술수를 쓰지 않고 정공법을 씁니다.

낙타는 목적지가 정해지면 다른 동물의 수군거림에도 뜻을 굽히지 않고, 자신의 모든 것을 바쳐 반드시 그곳까지 간다고 합니다. 그런데 낙타가 더는 길을 갈 수 없을 때가 있습니다. 바로 모래폭풍이 몰려올 때입니다. 그러면 낙타는 조용히 무릎을 꿇고 모래폭풍이 지나가기를 하염없이 기다린다고 합니다.

인내를 온전히 이룰 줄 아는 사람은 낙타 무릎을 가진 기도의 사람입니다. 우리 인생에는 늘 이런저런 문제들이 있습니다. 문제 앞에서 예수님이라는 정공법으로 기도하며 인내해야 합니다. 우리에게 선물로 주어진 하루하루를 낙타 무릎으로 기도하며 살아갑시다. 그러면 하나님께서 부족함이 없는 완전하고 성숙한 사람으로 세워 가실 것입니다.

찬송_ 212장(겸손히 주를 섬길 때)

마침표에서 느낌표로

여호와께서 그에게 이르시되 네 손에 있는 것이 무엇이냐 그가 이르
되 지팡이니이다 출애굽기 4:2

어느 날 속상하고 힘들어서 의자에 등을 대고 앉았습니
다. 그리고 왼손은 주먹을 쥐고 그 위에 오른손으로 턱을
괴고 한숨을 푹푹 쉬었습니다. 켜지지 않은 모니터에 비춰어진
제 모습이 마침표처럼 보였습니다. 그 마침표 위에 하나님의 지
팡이를 얹으면 느낌표가 된다는 것을 그 순간 깨달았습니다.

'이제는 끝났다 싶은 마침표 같은 내 삶에 하나님의 지팡이를
얹으면 느낌표 인생으로 회복되는구나! 아, 정말 하나님은 살아
계시는구나. 하나님이 하셨구나!'

하나님을 만나기 전 모세의 손에 들려진 지팡이는 아무런 소
망도 꿈도 없는 마침표 인생이었습니다. 그러나 그 인생 위에 하
나님이 동행하시고 역사하셨습니다. 그러자 마침표 인생이 느낌
표 인생이 되었습니다. 홍해를 만나고, 광야에서 마실 물과 먹을
것이 없어서 이제는 끝났다 싶은 마침표 같은 삶에 하나님의 지
팡이가 세워질 때, '아, 정말 하나님은 살아 계시는구나! 아, 하

나님이 하셨구나!' 감탄하는 인생이 되었습니다.

어디를 봐도 출구가 없는 마침표 인생인 것 같습니까? 마침표에서 느낌표의 삶으로 일어날 수 있는 힘은 하나님의 지팡이에 달려 있습니다. 한숨이 푹푹 쉬어지고 마침표가 찍혀질 때마다 내 삶에 하나님의 지팡이를 세우십시오. 그러면 하나님이 우리를 마침표에서 느낌표의 인생으로 인도해 주실 것입니다. 오늘을 성실하게 살고 밤에 잠들 때, '아, 정말 하나님은 살아 계시는구나! 아, 하나님이 하셨구나!' 감탄하게 될 것입니다. 하나님은 우리의 피난처이고 힘이십니다.

찬양_ 하나님은 우리의 피난처가 되시며

하나님과 새로운 미래로

너희는 이전 일을 기억하지 말며 옛날 일을 생각하지 말라. 보라 내가 새 일을 행하리니 이제 나타낼 것이라. 너희가 그것을 알지 못하겠느냐 반드시 내가 광야에 길을 사막에 강을 내리니 이사야 43:18-19

추억의 장소는 지난 시절에 대한 향수를 불러일으킵니다. 우리가 추억을 사랑하는 이유는 친숙하고, 지금의 현실보다 아름답게 느껴지기 때문입니다. 그러나 가끔은 회상할 수 있지만, 너무 자주 과거로 돌아가는 생각은 우리를 약하게 만듭니다.

병리상담학을 공부하며 알게 된 것은 트라우마로 인해 정상적인 생활이 힘든 이들의 공통점이 과거의 충격에서 좀처럼 빠져나오지 못한다는 것입니다. 배신당한 사람은 좀처럼 새로운 사람에게 마음을 열지 못하고, 실패를 경험한 사람은 새로운 일에 도전하지 못합니다. 과거를 반복할 것이 두렵기 때문입니다. 결국 과거의 노예가 되어 미래로 나아가지 못합니다.

하나님은 너희는 이전 일을 기억하지 말며 옛날 일을 생각하지 말라고 하십니다. 과거에 마침표를 찍으라는 것입니다. 그런데 사람들은 하나님께서 마침표를 찍으신 곳에 마침표를 떼고

아쉬움의 쉼표를 찍을 때가 있습니다.

하나님은 이스라엘 백성이 홍해를 건넌 후에 닫으셨습니다. 이집트로 돌아가지 말라는 것입니다, 요단강을 건넌 후에도 요단강을 닫으셨습니다. 이제는 아픔이 있는 광야로 돌아가지 말라는 것입니다. 약속의 땅으로, 새로운 삶으로 가라는 것입니다. 그러나 이스라엘 백성은 힘든 상황만 되면 트라우마를 가진 사람들처럼 과거에 머무르려 합니다.

우리는 결코 되돌아갈 수가 없습니다. 시간의 주인이신 하나님께서 우리의 과거에 마침표를 찍으셨기 때문입니다. 하나님은 수많은 시대 속에서 새 일을 행하셨고, 광야에 길과 사막에 강을 내셨습니다.

오늘 말씀을 공동번역은 이렇게 말합니다, "지나간 일을 생각하지 마라. 흘러간 일에 마음을 묶어두지 마라. 보아라, 내가 이제 새 일을 시작하였다. 이미 싹이 돋았는데 그것이 보이지 않느냐? 내가 사막에 큰 길을 내리라. 광야에 한길들을 트리라."

미래의 주인이신 하나님은 이미 싹을 틔우시고 새로운 미래를 써가고 계십니다. 어렵고 어두워도 새 일을 행하실 하나님께 초점을 맞추면 반드시 광야에 길을 사막에 강물을 내실 것입니다.

찬양_ 보라 내가 새 일을

공감하시는 하나님

오히려 자기를 비워 종의 형체를 가지사 사람들과 같이 되셨고 사람의 모양으로 나타나사 자기를 낮추시고 죽기까지 복종하셨으니 곧 십자가에 죽으심이라 빌립보서 2:7-8

어느 시골 노인이 자식들을 다 출가시키고 아내와 단둘이 살았습니다. 그러던 어느 날 아내가 세상을 떠났습니다. 노인은 마루에 아내의 신줏단지를 차려놓고 술을 마시고 그 옆에 누워 울었습니다.

어느 날 마을에 있는 작은 교회 목사가 찾아왔습니다. 부부에게 예수쟁이라며 푸대접을 받던 목사였습니다. 목사를 밀어내며 내쫓던 건 아내가 더 심했는데 웬일인지 아내는 죽기 전에 사돈의 전도로 예수를 믿었고 엉겁결에 마을의 목사가 장례를 치러주었습니다.

목사는 밤이면 노인을 찾아왔습니다. 노인은 모른 척 마루에서 술을 마셨고, 목사는 노인에게 "식사는 하셨느냐"고만 물었습니다. 그리고 노인 곁에 가만히 앉아 있다가 잠이 들면 방에 들어가 이불을 꺼내 덮어주고 함께 잠을 잤습니다. 새벽 4시가 되면 목사는 슬그머니 일어나 새벽 기도를 하러 교회로 갔습니다. 그렇게 한 달 동안 매일 잠을 자고 갔습니다. 노인은 도시에 사는 딸에게 목사 이야기를 했습니다. 그러면서 '예수쟁이' 대신 '그 양반'이라고 불렀습니다. 그 양반 덕에 외롭지 않다고 칭찬했습니다.

목사는 노인의 마음을 헤아리고 그저 옆에 있어 주었습니다. 자신의 편견이나 신앙의 신을 벗고 노인의 신을 신었습니다. 공감은 내가 신은 신을 벗는 것입니다. 오늘 말씀처럼 주님도 하늘의 신을 벗고 인간의 신을 신고 십자가를 지시고 우리의 아픔을 모른 척하지 않고 공감하셨습니다.

십자가를 지신 주님은 우리의 아픈 마음을 아십니다. 그 주님이 가까이에서 우리의 아픔과 모든 상황에 공감하십니다. 우리를 꼭 안아주시며 힘내라고 하시는 주님과 함께 힘차고 당당하게 걸어갑시다.

찬양_ 공감하시네

믿음의 법칙과 능력

두려워하지 말라. 내가 너와 함께 함이라. 놀라지 말라. 나는 네 하나님이 됨이라. 내가 너를 굳세게 하리라. 참으로 너를 도와 주리라. 참으로 나의 의로운 오른손으로 너를 붙들리라 이사야 41:10

우리는 살면서 많은 문제를 만납니다. 문제를 만나면 힘들고 한숨이 절로 나옵니다. 그런데 생각해 보면 문제가 있어 힘든 것이 아니라, 문제를 다룰 힘이 없어서 힘든 것입니다. 그럼 그 문제를 다룰 힘은 어디에서 나올까요? 바로 하나님을 향한 믿음에서 나옵니다. 모세는 이집트의 바로를 두려워하지 않았고, 초대교회는 로마 제국의 황제를 두려워하지 않았습니다. 그 비결이 믿음입니다.

믿음에는 법칙이 있습니다. 상황과 환경은 달라도 믿음의 효능은 동일하다는 것입니다. 이 믿음의 법칙 그 놀라운 효력은 지금 내 삶에서도 동일하게 적용됩니다. 문제는 내가 그것을 아멘으로 받아들이는가 하는 것입니다.

하나님은 두려워하지 말고 놀라지 말라고 말씀하십니다. 하나님이 도와주고 의로운 오른손으로 붙잡아준다고 하십니다.

무서운 이집트의 바로를 굴복시킨 그 믿음이, 강력한 로마 제국의 황제마저 굴복시킨 그 믿음이, 지금 나를 힘들게 하는 수많은 문제를 이기는 능력이 된다는 것을 내가 믿을 때에 작동하게 됩니다. 우리를 바꾸는 실제적인 능력이 됩니다. 그 믿음이 작동하면 그 누구도 저항할 수도 막을 수도 없습니다.

오늘도 우리에게 문제 다룰 힘을 주실 하나님을 믿음으로 의지하며, 그분의 도움과 그분의 오른손이 붙잡아 주심을 경험하며 감사합시다.

찬양_ 아무것도 두려워 말라

역경을 통해

내가 당하는 쓰라린 고통과 역경을 나는 기억하고 있다. 내가 이것을 생각하면 낙심도 되지만, 한편으로 생각해 보면 오히려 희망이 있다. 여호와의 크신 사랑 때문에 우리가 소멸되지 않았으니 그의 자비가 영원하구나. 이것이 아침마다 새로우니 주는 정말 신실하신 분이십니다. 내 심령이 말하는구나. 여호와는 나의 전체이시므로 내 희망을 그에게 두리라 예레미야애가 3:19-24, 현대인의 성경

나무 한 그루가 있습니다. 나무를 집 안에 들여 놓으면 밖에 아무리 강한 바람이 불어도 나무는 끄떡하지 않습니다. 전혀 위험하지 않습니다. 하지만 나무에게는 아무 도전이 없습니다. 왜냐하면 철저한 보호 속에 있기 때문입니다. 어느 순간 그 나무는 서서히 시들기 시작합니다. 더 이상 싱싱하지 않습니다. 왜 그럴까요? 나무 안에 있는 도전이 죽어가고 있기 때문입니다. 삶을 실현 시키는 도전이 없기 때문입니다

세찬 바람은 진짜 적이 아닙니다. 그것은 오히려 우리를 완성시켜 줍니다. 우리의 뿌리를 뒤흔드는 것처럼 보이지만, 사실은 우리가 더욱 든든하게 뿌리 내릴 수 있게 도와주는 각성제입니

다. 폭풍이 불면 나무는 더욱 깊이 뿌리를 내립니다. 태양이 뜨겁게 내리쬐면 나무는 더 많은 물을 빨아들입니다. 그래서 나무는 더욱 더 푸르고 튼튼하게 자랍니다.

역경을 통해 우리는 강인해집니다. 역경을 생각하면 낙심도 되지만, 역경 속에서도 "여호와는 나의 전체(전부)이시므로 내 희망을 그분에게 두리라"고 선포할 수 있어야 합니다. 그러면 역경 속에서도 아침마다 새롭고 하나님 때문에 이겨낼 수 있는 힘을 갖게 됩니다. 또 하루를 시작할 수 있습니다. 한번 크게 외쳐봅시다. "하나님은 나의 전부입니다. 오늘도 내 희망을 하나님께 두겠습니다."

찬양_ 주의 인자는 끝이 없고

하나님께서 책임져 주십니다

그가 여호와의 말씀과 같이 하여 곧 가서 요단 앞 그릿 시냇가에 머물 매 까마귀들이 아침에도 떡과 고기를, 저녁에도 떡과 고기를 가져왔 고 그가 시냇물을 마셨으나 **열왕기상 17:5-6**

어느 날 쌀이 뚝 떨어져서 마트에 가려고 나서는 순간 전화가 왔습니다. 어머니였습니다. "집에 쌀이 들어왔는 데 너네 먹을래?" 때때로 생각지도 못한 손길을 통해, 정확한 시 간에 꼭 필요한 것을 채워주신 하나님의 손길을 경험합니다. 하 나님은 지금도 시퍼렇게 살아 계셔서 우리를 먹이시고 책임져 주십니다.

하나님을 버리고 우상을 섬긴 아합 왕 시대에 하나님은 그 땅 에 벌을 내리십니다. 3년 6개월 동안 비가 오지 않았습니다. 농 사로 먹고살던 시대에 비가 오지 않았다는 것은 큰 재앙입니다. 그때 하나님은 엘리야에게 그릿 시냇가에 숨어 있으면 까마귀 들을 통해 먹이겠다고 하십니다.

무척 황당한 제안입니다. 엘리야는 하나님의 황당한 제안에 순종하여 그릿 시냇가로 갑니다. 정말 아침저녁으로 까마귀가

빵과 고기를 가져왔고, 엘리야를 먹여 살립니다. 가뭄이 길어지자 그릿 시냇가도 말라버렸습니다. 그러자 하나님은 엘리야를 아주 가난한 사르밧 과부의 집으로 데려갑니다. 사르밧 과부의 집에 가루통의 가루와 기름병의 기름이 떨어지지 않는 기적을 베푸셔서 가뭄이 끝날 때까지 3년여 동안 엘리야와 과부와 그의 아들을 책임지셨습니다. 엘리야는 언제 끝날지 모르는 가뭄의 때에 함께하시는 하나님을 매일 경험했습니다.

기적의 출발점은 이 말씀입니다. "내가 섬기는 이스라엘의 하나님 여호와께서 살아 계심을 두고 맹세하노니." 엘리야는 매 순간 하나님의 살아 계심을 믿었습니다.

엘리야와 사르밧 과부와 그의 아들을 지켜주신 하나님을 신뢰합시다. 하나님은 엘리야를 통해 사르밧 과부와 그의 아들까지 살리셨습니다. 우리도 엘리야처럼 세상에 선한 영향력을 흘려보내야 합니다. 그러면 하나님은 우리의 삶뿐만 아니라 이 세상을 살리실 것입니다.

찬양_ 340(주 안에 있는 나에게)

9회 말, 역전승으로 이끄시는 삶

네 길을 여호와께 맡기라. 그를 의지하면 그가 이루시고 네 의를 빛 같이 나타내시며 네 공의를 정오의 빛 같이 하시리로다 시편 37:5-6

야구에서는 점수를 내기 위해 타율이 높은 선수에게도 번트를 치게 할 때가 있습니다. 번트에 실패하면 주자마 저 아웃되기도 합니다. 더 나아가 주자가 다 아웃된 상태에서 안 타를 치는 장면을 보면 마치 우리 인생 같다는 생각이 듭니다.

사는 것이 내 맘 같지 않을 때가 많습니다. 내 의지와 계획, 노 력대로 되지 않습니다. 이것을 깨달았다면 여호와께 내 인생을 맡기는 것이 너무나 중요합니다. 그런데 믿음생활을 하면서도 맡기지 않을 때가 많습니다. 정말 내 인생을 여호와께 맡기면 어 떻게 될까요?

어떤 사람이 어느 마을을 방문했는데 사람들이 야구 경기를 보고 있었습니다. 그런데 자기 팀이 지고 있는데도 아주 즐겁게 웃으며 응원하는 것입니다. 고개를 갸웃한 그는 곧 이유를 알았 습니다. 그 경기는 재방송이었습니다. 9회 초까지 지고 있다가 역전승으로 이긴 경기였습니다.

하나님께 맡긴 인생은 이와 같습니다. 사방이 다 막혀있는 것 같습니까? 9회 초까지 지고 있습니까? 그러나 낙심하지 마십시오. 하나님은 내 인생을 역전승으로 끝나게 하시는 분입니다. 왜냐하면 우리 인생을 만드셨고, 우리 인생을 그분처럼 이끄실 명감독은 없기 때문입니다.

시편 37편 7-9절 말합니다. "여호와 앞에 잠잠하고 참고 기다리라. 자기 길이 형통하며 악한 꾀를 이루는 자 때문에 불평하지 말지어다. 분을 그치고 노를 버리며 불평하지 말라. 오히려 악을 만들 뿐이라. 진실로 악을 행하는 자들은 끊어질 것이나 여호와를 소망하는 자들은 땅을 차지하리로다."

오늘 아침 조용히 그분께 나아가 내 모든 짐을 내려놓기 바랍니다. 희망이 보이지 않는 9회 말 같지만, 그분을 소망하면 1루를 지나 2루로, 3루를 지나 홈으로 이끄시며 우리 인생을 역전승으로 이끌어 주실 것입니다.

찬양_ 539장(너 예수께 조용히 나가)

폴대

우리 주 예수 그리스도로 말미암아 우리에게 승리를 주시는 하나님
께 감사하노니 그러므로 내 사랑하는 형제들아 견실하며 흔들리지
말고 항상 주의 일에 더욱 힘쓰는 자들이 되라. 이는 너희 수고가 주
안에서 헛되지 않은 줄 앎이라 고린도전서 15:57–58

병원에서 수술하거나 치료 받을 때 움직이려면 어쩔 수
없이 폴대와 늘 함께 다녀야 합니다. 폴대에는 환자에게
꼭 필요한 수액이 걸려 있습니다.

어떤 환자가 심방 온 목사에게 늘 끌고 다녀야 하는 폴대를
거추장스럽다고 투정했습니다. 목사는 "수술 후에는 그런 생각
못하실 거예요. 수술 잘 받으세요."

그리고 며칠 후 심방 간 병원 복도에서 그 환자와 마주쳤습니
다. 환자는 있는 힘을 다해 폴대를 의지하며 한발 한발 내딛고
화장실을 다녀오는 중이었습니다.

"목사님, 이제야 깨달았습니다. 거추장스러운 이 폴대가 저에
게 생명의 버팀목입니다. 수술 전보다 더 많은 수액이 달렸지만,
이 폴대를 붙잡지 않고는 한 발자국도 나갈 수 없습니다."

고난을 만나면 인생은 혼자만의 힘으로 사는 게 아니라는 것을 절실히 깨닫게 됩니다. 무엇보다 내 손에 무언가를 붙잡아야 한다는 사실을 인정하게 됩니다. 환자가 폴대 덕분에 움직일 수 있었듯이, 때때로 신앙생활이 귀찮고 힘들어도 인생에 어려움이 생기면 신앙은 생명의 폴대이며 버팀목이 됩니다.

성경에 "예수 그리스도로 말미암아"라는 말이 나옵니다. 예수 그리스도를 폴대, 즉 버팀목으로 삼아야만 견실하며 흔들리지 않을 수 있습니다. 오늘도 우리 삶을 견실하며 흔들리지 않도록 폴대 같은 버팀목이 되어 주시는 주님을 견고히 의지합시다.

찬양_ 주 의지하리

탓하는 삶에서 충성의 삶으로

그 주인이 이르되 잘하였도다 착하고 충성된 종아 네가 적은 일에 충
성하였으매 내가 많은 것을 네게 맡기리니, 네 주인의 즐거움에 참여
할지어다 마태복음 25:21

건설 현장의 크레인 기사였던 황영택 씨는 27세 때 사고
로 하반신 마비 장애를 입었습니다. 그는 좌절하지 않고
각고의 노력 끝에 장애인 국가대표 테니스 선수로 활동하였습
니다. 37세에는 수능시험을 봐서 음대에 들어갔고, TV 예능 프
로그램인 〈스타킹〉에 출연하여 '휠체어의 폴 포츠'라고 불리며
유명한 성악가가 되었습니다.

결혼한 지 8개월 된 탁용준 화백은 수영장에서 다이빙을 하
다가 전신마비 척추 장애를 입었습니다. 유일하게 움직일 수 있
는 것은 어깨 근육뿐이었습니다. 그는 마비된 팔목에 붓을 묶고
어깨를 이용하여 그림을 그렸습니다. 그 후 장애인 기독문화예
술상까지 받으며 행복하게 살고 있습니다.

'로봇다리 세진이'의 엄마 양정숙 씨는 두 다리 없이 태어난
세진이를 입양해서 자신감을 주기 위해 수영을 가르쳤습니다.

두 모자의 피나는 노력으로 세진이는 각종 수영 대회에서 메달을 땄고, 15세에는 역대 최연소로 성균관대 스포츠과학과에 입학했습니다. '세상을 바꾸는 시간, 15분'에 출연하기도 한 그의 꿈은 유엔UN에 들어가 스포츠를 통해 사회적 역할을 하는 것입니다.

이들은 삶을 탓하지 않고 많은 노력을 했습니다. 무엇보다 하나님께 소망을 두며 모든 상황을 뛰어넘는 그분을 붙들었습니다. 하나님께서 이들을 보시며 이렇게 말씀하실 것 같습니다. "잘하였도다. 착하고 충성된 종아!"

이들에 비해 우리는 정말 많은 것을 가지고 있습니다. 작은 일에 충성하는 마음으로 내가 할 수 있는 최선을 찾아 주님을 높여드릴 때, 하나님은 착하고 충성된 종이라 칭찬해 주실 것입니다. 오늘도 상황과 형편을 뛰어넘어 나에게 주신 달란트를 잘 활용하여 하나님의 기쁨이 되기를 바랍니다.

찬양_ 감사해

사소한 모든 것에 감사

범사에 감사하라. 이것이 그리스도 예수 안에서 너희를 향하신 하나
님의 뜻이니라 데살로니가전서 5:18

 어릴 때 사고로 양팔을 잃은 분의 강연을 들었습니다.
"밥 먹는 것부터 옷 입는 것, 양말 신는 것, 전등 스위치
켜고 끄는 것, 문 여닫는 것, 수돗물 트는 것, 목욕하는 것, 넥타
이 매는 것 등 이런 사소한 일도 나에게는 쉽지 않은 일입니다.
균형을 잡지 못해 사고를 겪기도 하고, 망신을 당하기도 합니다.
실수로 옷에 먼지나 얼룩이 묻어도 털지 못하고 온종일을 지내
야 합니다."

그분이 가장 난처할 때는 혼자 급하게 화장실에 가는 것이고,
가장 두려운 상황은 계단에서 사람들과 부딪히는 경우라고 했
습니다. 바쁘게 걷거나 뛰는 사람이 살짝 스치기만 해도 땅바닥
에 나뒹굴게 되고 큰 사고로 이어질 수 있기 때문입니다. 약속
때문에 어쩔 수 없이 계단을 이용할 때는 정말 목숨 걸고 다닌
다고 합니다. 그는 이 말을 하고 강연을 마쳤습니다. "여러분에게
두 팔이 있다는 사실이 얼마나 감사한 일인지 아셔야 합니다."

그의 마지막 말이 가슴에 크게 와닿았습니다. 그리고 나에게 팔이 있다는 사실에 감사했습니다. 여러분은 팔이 있다는 것에 감사한 적이 있습니까?

우리가 별 생각 없이 하는 일상적인 일, 지극히 사소한 일 하나하나가 그에게는 많은 시간과 노력이 들고 힘써서 극복해야 할 심각하고 중요한 일들입니다. 우리가 생각 없이 매일 반복하는 일들은 모두 중요한 일입니다. 그중에 사소하고 쓸데없는 것은 없습니다. 범사에 감사하는 삶은 하나님의 뜻입니다. 작고 사소한 것부터 감사해 봅시다. 우리의 삶은 더 풍성해질 것입니다.

찬양_ 감사해

감사해야 할 때

내 영혼아 여호와를 송축하며 그의 모든 은택을 잊지 말지어다

시편 103:2

김홍식의 《고맙다 사랑한다》에 나오는 이야기입니다.

어느 모임에서 등산을 갔습니다. 약속 장소에 사람들이 거의 다 모이자, K는 사람들에게 선물을 나눠주었습니다.

"남대문 시장에 갔다가 너무 예뻐서 샀습니다. 휴대전화에 걸고 다니세요. 하나씩 받으세요."

"어머, 색깔 정말 예쁘네. 이 사람 감각 있네."

"하나 더 주면 안 돼요?"

"남는 거 하나 더 줘. 하나 더 주면 어디 덧나?"

"나는 빨간색으로 바꿔줘."

"내 것은 모양이 왜 이래? 삐뚤어졌네!"

그때 누군가 소리칩니다.

"다 왔으면 올라갑시다."

사람들은 받은 선물을 주머니에 넣고 산을 오르기 시작했습니다. 그리고 산에서 내려와 각자의 집으로 돌아갈 때까지 K에

게 아무도 감사하다는 인사를 하지 않았습니다. 그 후로 K는 다시는 선물을 사 오지 않았습니다.

선물을 받고 고맙다는 말은 하지 않고 불평만 합니다. 은혜는 물에 새기고 원망은 바위에 새긴다는 말이 맞는 것 같습니다. 다윗은 하나님이 베푸신 모든 은혜를 잊지 말라고 합니다. 하나님의 은혜에 감사할 것들을 찾으면 너무나 많습니다.

아침에 눈을 뜨고 파란 하늘을 볼 수 있는 것도, 목마를 때 마실 물이 있는 것도, 비를 피할 수 있는 집이 있는 것도, 산소호흡기 없이 편히 숨을 쉴 수 있는 것도 감사한 일입니다. 내 손으로 커피를 마시고, 보청기 없이 전화벨 소리를 듣고, 때때로 힘들게 하는 사람이 있고, 날마다 해야 할 일이 있는 것은 감사한 일입니다. 우리가 너무 사소해서 감사를 생각하지 못한 일들이 어떤 이들에게는 간절한 바람이고 기도 제목입니다.

찬양_ 주님 주신 아름다운 세상

시련을 기회로

당신들이 나를 이 곳에 팔았다고 해서 근심하지 마소서. 한탄하지 마
소서. 하나님이 생명을 구원하시려고 나를 당신들보다 먼저 보내셨
나이다 창세기 45:5

예전에 수목원에서 나무의 나이테에 대해 들었습니다.
나무의 나이테 폭을 보면 나이테가 만들어진 해의 기후
를 알 수 있고, 나이테의 짙은 상처는 그 해에 가뭄과 홍수 그리
고 지진 같은 재해가 있었다는 증거라고 합니다. 이렇게 나무는
자신이 겪어온 환경을 고스란히 자신의 몸에 촘촘히 새기고 있
습니다.

사람도 마찬가지입니다. 남자는 군대 다녀온 이야기를 평생
하고, 여자는 임신과 출산, 육아 과정을 평생 이야기합니다. 가
장 힘들었던 때를 이겨냈기 때문입니다. 그 시간은 나무의 나이
테를 짙게 그린 때입니다.

나이테를 짙게 그린 시간에 대해서, 빅터 프랭클린은《죽음의
수용소》라는 책에서 이렇게 고백합니다. "시련이 우리에게 무엇
을 의미하는지 명백하게 밝혀지면서 우리는 시련으로부터 등을

돌리지 않았다. 시련 속에 무언인가 성취할 기회가 숨어 있다는 것을 깨달았기 때문이다."

"당신들이 나를 이곳에 팔았다고 해서 근심하지 마소서. 한탄하지 마소서. 하나님이 생명을 구원하시려고 나를 당신들보다 먼저 보내셨나이다." 요셉이 이렇게 고백할 수 있는 것은 힘든 시련의 순간을 이겨냈기 때문입니다. 요셉이 강해서 그 시간을 이겨낸 것이 아닙니다. 하나님이 함께하신다는 확실한 믿음이 있었기 때문입니다. 요셉은 시련의 의미를 알았고 시련으로부터 등을 돌리지 않았습니다. 오히려 시련을 기회로 보았습니다.

하나님께서 요셉의 인생에 아주 촘촘하고 짙은 시련의 나이테를 새겨 넣으셨기 때문에 형들을 용서할 수 있었고, 이집트와 중동의 위기를 지혜롭게 해결하며 승리하는 삶을 살 수 있었습니다. 요셉과 함께하신 하나님은 오늘 우리와 함께하시고 인도하십니다. 시련을 기회로 만든 요셉처럼 이 시대 간증의 주인공은 우리입니다.

찬양_ 내 길 더 잘 아시니

고난을 축복으로

하나님이 큰 구원으로 당신들의 생명을 보존하고 당신들의 후손을
세상에 두시려고 나를 당신들보다 먼저 보내셨나니 창세기 45:7

 짐 정리를 하다가 학창 시절의 일기장을 발견했습니다.
"오늘은 내 인생 최악의 날! 시험 성적이 형편없다. 정말
죽고 싶다."

그때는 성적 때문에 정말 죽고 싶었지만, 지금은 그날을 기억
조차 못 하고 죽기는커녕 아주 잘살고 있습니다. 철없던 시절의
일기를 보며 피식 웃음이 터져 나왔습니다.

몇 장을 더 넘기자, 또 힘들다는 내용이 기록되어 있습니다.
"오늘은 견딜 수 없을 만큼 괴롭다. 엄마가 어떻게 나에게 이럴
수 있을까? 정말 우리 엄마가 맞는지 의심스럽다. 졸업하면 집
을 떠나 살아야겠다." 그렇게 싫다던 엄마를 멀리 떠나기는커녕
사이좋게 지내고 있습니다.

지금은 기억도 나지 않는 일들이지만 그때는 죽고 싶은 만큼
괴로웠을 것입니다. 지금 이렇게 잘살고 있는데, 그때는 왜 죽고
싶었을까요? 지금 내가 지고 있는 삶의 무게와 고통 또한 시간

이 지나면 기억조차 나지 않을 것입니다.

고통의 순간을 어떻게 다루느냐가 중요합니다. 요셉이 총리가 되어 형들을 만났을 때, "하나님이 큰 구원으로 당신들의 생명을 보존하고 당신들의 후손을 세상에 두시려고 나를 당신들보다 먼저 보내셨나니"라고 말했습니다. 이 말의 주어는 '하나님'입니다. 그의 말 속에는 피해자의 한(恨)도, 가해자에 대한 원망도 없습니다. 오직 하나님만 선명하게 드러납니다.

자신이 당하는 고통이 하나님과 연결되어 있다는 것을 깨닫는 순간, 고통을 전혀 다르게 해석할 수 있습니다. 칼이 누구의 손에 있느냐에 따라 그 용도는 달라집니다. 강도의 손에 들린 칼은 파괴적이지만, 의사의 손에 들린 칼은 치료의 도구입니다.

힘든 시간도 지나고 나면 웃으며 얘기할 수 있고, 죽을 것 같은 고통도 피식 웃어넘길 수 있는 일이 됩니다. 고난이 오히려 축복이 되고 간증이 됩니다.

찬양_ 주는 완전합니다

함께함의 기쁨

보라! 형제가 연합하여 동거함이 어찌 그리 선하고 아름다운고

시편 133:1

첫 목회지였던 어느 시골에서 2년 동안 혼자 밥을 해 먹었습니다. 혼자 해 먹기 가장 간편한 것이 라면이라서 아침에는 떡라면, 점심에는 짜장라면, 저녁에는 그냥 라면을 먹었습니다. 두 달 동안 라면만 먹자 몸도 힘들고 살만 쪘습니다.

그래서 음식을 배웠습니다. 김치찌개, 된장찌개도 끓이고 돈가스도 만들어 먹었지만, 혼자 먹는 밥은 맛이 없었습니다. 그래서 혼자 사시는 할머니 권사님들을 식사에 초대했습니다. 그분들과 같이 먹는 밥은 맛있었습니다. 그분들도 매일 혼자 먹다가 이야기하며 함께 먹으니 즐겁다고 하셨습니다.

사람은 밥만 먹고 사는 존재가 아닙니다. 밥과 함께 사랑도 먹어야 합니다. 똑같은 밥과 반찬인데, 식당 밥은 살로 가고, 집밥은 뼈로 간다고 합니다. 우리는 밥과 함께 이야기를 먹고, 정성을 먹고, 감정을 먹고, 관심을 먹기 때문입니다.

오늘 본문을 공동번역으로 보면, "이다지도 좋을까, 이렇게

즐거울까! 형제들 모두 모여 한데 사는 일!" 너무 행복한 장면입니다. 마음을 나누는 사람들과 함께하는 것은 소중하고 기쁜 일입니다.

어떤 가정에서는 진수성찬을 차려 먹으면서도 갈등하고 싸우지만, 어떤 가정에서는 소박한 음식을 먹으면서도 웃음꽃이 피어납니다. 세상에서 가장 맛있는 밥은 사랑하는 사람과 함께 먹는 밥입니다. 아무리 비싼 음식도 마음이 불편하면 맛이 없습니다. 맛있는 밥의 비결은 가격에 있지 않고 함께하는 사람에게 달려 있습니다. 서로 사랑을 나누며 '이다지도 좋을까, 이렇게 즐거울까!'를 고백하는 마음에 있습니다.

찬양_ 시편 133

영적 성숙과 열매

오직 우리 주 곧 구주 예수 그리스도의 은혜와 그를 아는 지식에서 자라 가라 베드로후서 3:18

 고구마를 수확했습니다. 올해는 장마와 태풍 때문에 고구마가 밑들지 않고 맛도 없을 것 같았습니다. 그런데 고구마를 캘 때마다 주렁주렁 달려 나오는 것이 무척 신기했고 맛도 너무 달고 좋았습니다.

열매 맺지 못할 악조건 속에서도 우리 눈에는 보이지 않지만, 하나님은 고구마를 자라게 하셨습니다. 고구마뿐만이 아니라 우리도 영적으로 성장하게 하십니다. 하나님은 베드로를 통해 우리에게 자라가라고 말씀하십니다. 그리고 영적 성장을 위한 두 방법을 소개합니다.

첫째는 은혜 안에서입니다. 내가 처한 환경보다는 내 안에 계신 하나님을 앙망하고 조용히 그분과 교통하며 머물 때, 그분께서 주시는 위로와 격려와 새로운 힘으로 통과할 수 있습니다.

둘째는 지식 안에서입니다. 이 지식은 예수 그리스도에 대한 지식입니다. 대부분 성경을 이해하면 된다고 생각하지만, 이것으로는 어려움이 닥쳤을 때 큰 도움이 되지 못합니다. 머리가 아닌 말씀의 실재가 얻어질 때까지 기도하고 말씀과 씨름하며 체험해서 지식을 얻어야 합니다.

요즘 영적으로 답답합니까? 환경을 바라보지 말고 내 안에 계신 주님 안에 거하기를 힘쓰며, 은혜 안에서 살아가기를 힘써야 합니다. 또한 주님과 성경의 인물들은 어떻게 어려움을 이겨 내었는지를 말씀 안에서 깨달아야 합니다. 우리는 기도하며 지식 안에서 자라기를 갈망해야 합니다. 주님은 우리를 영적 성숙으로 인도하시며, 우리도 모르는 사이에 영적으로 달고 맛있는 열매를 맺어가게 하실 것입니다.

찬양_ 주가 보이신 생명의 길

시련을 이기는 방법

내 형제들아 너희가 여러 가지 시험을 당하거든 온전히 기쁘게 여기
라. 이는 너희 믿음의 시련이 인내를 만들어 내는 줄 너희가 앎이라

야고보서 1:2-3

아내의 임신과 출산을 지켜보면서 산고의 고통은 이루
말할 수 없는 힘든 과정임을 알았습니다. 하지만 그 고통
은 가치 있고 소중해서 고통의 시간이 또 주어져도 두려워하지
않고 출산할 수 있습니다. 누구나 시련을 겪습니다. 야고보는 우
리에게 시련을 기쁘게 여기라고 합니다. 힘들지만 가치 있고 열
매가 있기 때문입니다.

도종환의 '흔들리며 피는 꽃'이라는 시가 떠오릅니다. "흔들
리지 않고 피는 꽃이 어디 있으랴 이 세상 그 어떤 아름다운 꽃
들도 다 흔들리면서 피었나니."

우리 믿음의 여정에 때로는 바람이 불어 흔들리고, 비가 내려
젖기도 하지만 그 시련을 통해 아름다운 꽃을 피울 수 있습니다.

그래서 야고보는 첫째, 시련을 기뻐하라고 합니다. 시련을 통
해 우리가 믿음의 사람으로 성장하기 때문입니다. 둘째, 시련을

기뻐하려면 시련에는 하나님의 큰 목적이 있음을 알아야 합니다. 그 목적은 성숙한 사람이 되는 것입니다. 이것을 알 때 상황에 휘둘리는 인생이 아니라 시련을 온전히 기쁘게 여길 수 있습니다. 셋째, 시련을 겪을 때 하나님의 지혜를 구해야 합니다. 시련의 목적을 알아도 시련 앞에 굴복할 수 있습니다. 지혜가 부족하기 때문입니다. 우리는 시련 앞에서 하나님의 지혜를 구해야 합니다. 지혜를 구하면 주신다고 약속하셨습니다. 그 지혜는 하나님의 관점에서 인생을 보는 능력입니다.

기도할 때 필요한 것은 믿음입니다. 오직 믿음으로 구하고 조금도 의심하지 말라고 하십니다. 믿음이 있어야 하나님의 관점에서 볼 수 있고, 하나님께 내 삶을 맡길 수 있습니다. 믿음이 없으면 흔들릴 수 있습니다. 하나님께 기도해도 돌아서면 의심합니다. 그러면 힘든 삶은 지속할 것입니다. 시련 앞에 주저앉는 인생이 아니라 하나님께 지혜를 구하며 환경에 흔들리지 않고 끝까지 믿음으로 인내하며 더욱 귀하게 성장해야 합니다.

찬양_ 337장(내 모든 시험 무거운 짐을)

하나님께 바짝 붙어야 할 때

그러나 무릇 여호와를 의지하며 여호와를 의뢰하는 그 사람은 복을
받을 것이라 예레미야 17:7

 코로나 시대 이전에는 마스크는 별로 소중한 물건이 아니었습니다. 그러나 코로나 시대가 되면서 마스크는 소중한 것이 되었습니다. 하찮게 여겼던 것이 너무 귀해졌고, 소중했던 것이 이제는 소중하지 않게 되는 가치의 역전 현상이 일어났습니다. 그동안 우리는 눈에 보이는 것을 최고로 여기며 살았지만, 이제는 눈에 보이지 않는 우리 영혼에 더 신경을 쓰는 가치 역전이 일어나야 할 때입니다.

오늘 성경에서 하나님은 눈에 보이는 것만을 힘으로 삼고 의지하는 사람은 마치 사막에 심어진 떨기나무 같다고 하십니다. 제아무리 많은 재산과 명성이 있어도 하나님이 '후'하고 불면 한순간에 날아가 버립니다. 그래서 지금은 눈에 보이지 않는 생수의 근원이신 하나님께 바짝 붙어 있어야 할 때입니다.

하나님께 바짝 붙어 있으려면 날마다 자신을 점검해야 합니다. 얼마 전에 차의 배터리가 방전되어서 교체했습니다. 긴급출

동 서비스를 불러 해결했는데, 이틀 지나서 또 시동이 걸리지 않아 재차 서비스를 받았습니다. 그날 정비하는 분의 말을 마음에 담았습니다. '매일매일 시동을 켜고 확인했다면 이런 일은 없었을 것'이라는 말입니다.

영적 문제도 마찬가지입니다. 매일 말씀과 기도의 시동을 켜서 나의 삶을 점검하는 것이 중요합니다. 그러면 생수의 근원이신 하나님 때문에 어떠한 환경에도 풍성함을 소유한 자로 살아가게 됩니다. 생수의 근원이신 하나님께 바짝 붙어 있으십시오. 하나님께서 주시는 평안과 소망이 가득한 삶이 될 것입니다.

찬양_ 338장(내 주를 가까이 하게 함은)

처음 마음을 다시 가져야 할 때

그러나 너를 책망할 것이 있나니 너의 처음 사랑을 버렸느니라. 그러
므로 어디서 떨어졌는지를 생각하고 회개하여 처음 행위를 가지라

요한계시록 2:4-5

 예전에는 성실하고 기쁘게 일을 했는데, 지금은 괜히 짜
증 나고 일하기 싫습니까? 늘 드리는 예배에 기쁨도 말
씀의 감동도 없다면 처음 마음을 잃어버렸기 때문입니다. 그럼
어떻게 해야 열정과 사랑을 회복할 수 있을까요?

에베소는 물질이 풍요로운 항구 도시였습니다. 바울은 이곳
에 교회를 개척하고, 두란노 서원을 세우고 3년 동안 열심히 사
역했습니다. 그 결과 우상숭배에 빠진 사람들이 회개하고 돌아
왔고, 아시아 전역에 복음 전파하는 일에 헌신했습니다.

40여 년이 지나 바울에게 말씀을 배웠던 아이들이 어른이 되
고, 교회도 안정되고 예배당도 아름답게 지어졌습니다. 그런데
기도의 절박함은 사라졌고, 모임은 형식화되었고, 예배에 은혜
는 사라졌습니다. 새 가족의 발길이 끊기고 사역은 점점 부진하
고 불평과 원망이 가득했습니다. 처음 사랑을 잃어버렸기 때문

입니다. 주님은 어디서 떨어졌는지를 생각하고, 회개하고, 지금의 고난 속에서 처음 사랑을 회복할 것을 말씀하셨습니다. 우리도 다시 처음 마음을 회복해야 합니다.

1월 1일 아침에 먹은 첫 마음으로
첫 출근하는 날, 신발 끈을 매면서 먹은 마음으로
세례를 받던 날의 빈 마음으로 교회를 다닌다면
날마다 새로운 기쁨의 날로 채워질 것입니다.
−정채봉의 〈처음의 마음으로 돌아가라〉 중에서

찬양_ 305장(나 같은 죄인 살리신)

영적 굳은살

오직 너 하나님의 사람아 이것들을 피하고 의와 경건과 믿음과 사랑
과 인내와 온유를 따르며 믿음의 선한 싸움을 싸우라. 영생을 취하라.
이를 위하여 네가 부르심을 받았고 많은 증인 앞에서 선한 증언을 하
였도다 디모데전서 6:11-12

오랫만에 기타를 치는데 손가락이 아팠습니다. 왜 아픈
가 하고 살펴보니 왼손 손가락 끝에 있던 굳은살이 사라
지고 없었습니다. 오랫동안 기타를 치지 않았더니 그사이에 굳
은살이 없어진 것입니다. 굳은살 때문에 기타의 쇠줄 진동을 견
딜 수 있었고, 오랜 시간을 눌러도 견딜 수 있었습니다.

신앙도 마찬가지입니다. 코로나19 이전에는 정기적으로 교회
에 나와 예배드리며 영적 굳은살을 만들 수 있었지만, 이제는 스
스로 영적 굳은살을 만들어 가야 합니다. 영상 예배를 드리는 것
도, 성경 읽기와 기도도 이제 내 몫입니다. 나와의 싸움을 치열
하게 하지 않으면, 영적 굳은살은 곧 사라지고 말 것입니다. 영
적 굳은살이 사라지면 수많은 진동의 파장을 견디고 이겨 나갈
수 없습니다.

바울은 자신이 하나님의 사람이라는 사실을 그 누구보다 더 잘 알고 있는 디모데에게 '너 하나님의 사람'이라고 부릅니다. 왜냐하면 그 시대는 돈과 권력이 하나님의 자리를 차지했기 때문입니다. 바울은 디모데에게 두 가지 명령을 내립니다. 첫째, 돈만 추구하는 삶을 피하라고 합니다. 둘째, 영생을 취하라고 합니다.

이 말은 세상과 다른 삶을 살라는 것입니다. 하나님의 사람인 우리는 세상 속에서 매일 '믿음의 선한 싸움'을 해야 합니다. 오늘 자신을 향해 '너 하나님의 사람아'라고 불러 보십시오. 우리는 나와의 싸움을 치열하게 하며 믿음의 굳은살을 만들어서 든든한 그리스도인으로 성장하고 성숙해 가야 합니다.

찬양_ 360장(행군나팔 소리에)

내 마음이 확정되었사오니

하나님이여 내 마음이 확정되었고 내 마음이 확정되었사오니 내가
노래하고 내가 찬송하리이다 시편 57:7

마음과 태도가 현실을 이기게 하는 경우가 많습니다. 다
윗이 그 예입니다. 사울을 피해 도망 다니는 다윗은 억울
했을 것입니다. 이제는 막다른 길, 아둘람 동굴까지 피신하게 되
었으니 말입니다. 그런데 이 어둠의 시간은 다윗에게 중요한 선
택의 순간이었습니다. 자신의 억울함을 복수심으로 잉태하여 칼
의 피바람을 출산하느냐, 아니면 하나님을 신뢰함으로 평안을
잉태하여 기쁨과 찬송을 출산하느냐의 갈림길에 서 있습니다.

"내가 하나님을 신뢰하기로 마음을 정했으니 기쁨으로 찬송
을 부르겠노라." 이러한 다윗의 마음과 태도는 아둘람이라는 어
두운 현실을 희망으로 바꿔 가는 실마리가 되었습니다.

세계 각처와 우리나라에서 들려오는 코로나 관련 소식은 암
울하고 마음을 무겁게 만듭니다. 그러나 여기에 짓눌려 살기보
다 기쁨의 찬송을 부르기로 마음을 정하는 것이 어떨까요? 처한
상황을 묵상하기보다는 하나님을 묵상하는 것이 어떨까요? 지

혜로운 사람은 처한 상황이 힘들면 힘들수록 하나님을 바라봅니다. 우리를 살게 하는 것은 하나님이지 다른 어떤 것이 아니기 때문입니다.

우리의 마음을 하나님께로 향하고, 하나님께 마음을 정합시다. 우리의 입술을 열어 하나님을 찬송합시다. 그러므로 주께서 내려주시는 하늘의 평강과 기쁨을 충만히 누리기 바랍니다. 기쁨을 누리는 방법은 하나님께서 주신 크고 작은 것들에 감사하는 것입니다. 오늘 하루 우리에게 베풀어 주시는 크고 작은 것들이 무엇인지를 기억하고 감사로 살아갑시다.

찬양_ 405장(주의 친절한 팔에 안기세)

매일 아침 소망 한 모금

2부

막대기의 기적

에훗 후에는 아낫의 아들 삼갈이 있어 소 모는 막대기로 블레셋 사람 육백 명을 죽였고 그도 이스라엘을 구원하였더라 사사기 3:31

삼갈은 소 모는 막대기로 블레셋 사람 육백 명을 죽였습니다. 싸움을 하는데 '막대기'가 무슨 무기가 될 수 있을까요? 그것도 청동과 철제 무기를 사용했던 블레셋과의 전쟁에서 가능했을까요? 그런데 하나님은 이 전쟁에서 별것 아닌 막대기 하나로 승리하게 하셨습니다.

블레셋은 소를 귀하게 여기다 못해 신으로 섬기는 민족이었습니다. 그래서 하나님은 삼갈이 사용하던 소 모는 막대기로 그들을 다루셨습니다. 소를 섬기는 것이 얼마나 어리석은 일인지 드러내신 것입니다.

하나님이 함께하시면 막대기도 청동이나 철을 이기는 무기가 될 수 있습니다. 따라서 관건은 '내가 어떤 무기를 잡았느냐?'가 아닙니다. '내가 잡은 무기가 하나님이 원하시는 무기인가, 하나님이 나와 함께하시는가?' 입니다. 이런 무기가 아니라면 아무리 좋은 무기를 들어도 막대기조차 당해 낼 수 없습니다. 그러나 하나님이 원하시고 함께하시는 막대기는 청동이나 철도 능히 감당할 수 있습니다.

오늘 어떤 무기를 잡겠습니까? 어떤 무기이든 하나님이 원하시고 함께하시는 무기가 되어야 합니다. 혹 지금 나의 형편이 말라버린 막대기처럼 보일지라도 하나님은 여전히 일하실 수 있고, 승리로 이끌어 주실 수 있습니다.

믿음은 걱정을 소망으로 바꾸는 힘입니다. 잠시 눈을 감고 기도해 보세요. "하나님, 내 손에는 말라버린 막대기밖에 없습니다. 그러나 하나님이 함께하시면 이것으로도 하나님의 일들이 나타날 줄 믿습니다." 이 믿음으로 오늘도 '막대기의 기적'을 써 내려가는 우리 모두가 되기를 소망합니다.

찬양_ 406장(곤한 내 영혼 편히 쉴 곳과)

순서의 중요성

이는 내가 그의 옷에만 손을 대어도 구원을 받으리라 생각함일러라

마가복음 5:28

 열두 해 동안 혈루증을 앓던 여인이 있습니다. 이 여인은 병을 고치기 위해 많은 방법을 찾아다녔지만, 고치지 못했을 뿐만 아니라 경제적 어려움마저 겪게 되었습니다. 이 여인은 몸도 마음도 피폐해졌을 것입니다. 그러다가 예수님께서 마을을 지나가신다는 소식을 듣고 이 마음을 품었습니다. '내가 그의 옷에만 손을 대어도 구원을 받으리라.'

이 여인만 예수님의 옷에 손을 댄 것은 아닙니다. 군중에 둘러싸인 예수님의 옷을 많은 사람이 만지거나 스쳤을 것입니다. 그런데 오직 이 여인만 치유 받았다면 군중의 믿음과는 다른 믿음이 여인에게 있었다는 것입니다.

그 차이가 무엇인지 알 수 있는 단서가 예수님의 말씀 속에 있습니다. "예수께서 이르시되 딸아 네 믿음이 너를 구원하였으니 평안히 가라 네 병에서 놓여 건강할지어다."

말씀의 순서를 잘 보십시오. 예수님은 먼저 '구원하였으니'라

고 말씀하신 후에 '건강할지어다'라고 하셨습니다. 여인은 예수님을 구원자로 여겼고, 그 구원자가 나의 병도 치료할 수 있다고 생각한 것입니다.

순서가 중요합니다. 많은 사람이 하나님을 내 필요를 채우는 분으로 여기거나, 더 심하게는 이용하려 합니다. 그러나 생각해 보십시오. 어떤 부모가 제 자식이 아닌 아이에게 은혜를 베풀겠습니까? 우리에게는 하나님을 나의 아버지로, 예수님을 나의 구원자로 여기는 믿음이 있어야 합니다. 그리할 때 "이 모든 것을 너희에게 더하시리라"는 은혜가 '덤'으로 주어지는 것입니다.

우리는 하나님께 무언가를 구하기 전에 '하나님을 나의 아버지로, 예수님을 나의 구원자로'라 고백해야 합니다. "너희는 먼저 그의 나라와 의를 구하라. 그리하면 이 모든 것을 너희에게 더하시리라"고 하셨습니다. 혈루증을 앓던 여인은 이 간증을 가진 사람이 되었습니다. 우리도 이 간증의 주인공이 되어야 합니다.

찬양_ 먼저 그 나라와 의를 구하라

두려워하는 사람들

느부갓네살이 다스린 지 이 년이 되는 해에 느부갓네살이 꿈을 꾸고
그로 말미암아 마음이 번민하여 잠을 이루지 못한지라 다니엘 2:1

왕위에 오른 지 2년 된 느부갓네살은 어느 날 이상한 꿈
을 꾸었습니다. 그 꿈은 왕을 두렵게 했습니다. 그래서
전국의 술사와 점쟁이들에게 명령을 내려 꿈을 해석하지 못하
면 죽이겠다고 위협했습니다.

첫 번째로 두려워한 사람이 느부갓네살 왕이라면, 두 번째로
두려워한 사람은 전국의 점쟁이와 술사들입니다. 왕은 나라의
위기나 불안한 징조를 미리 알기 위해 이들을 양성하며 온갖 편
의를 제공했기 때문에 꿈을 해석하라고 한 것이 무리는 아니었
습니다. 세 번째로 두려워하는 사람은 다니엘입니다. 다니엘 역
시 갈대아의 학문을 배우며 왕의 편의를 받았기 때문에 이 상황
에서 자유롭지 않았습니다.

느부갓네살은 점쟁이들을 붙잡아 두려움을 벗어나려 했습니
다. 그런데 정작 점쟁이들은 자신들의 목숨을 지키기 위해 느부
갓네살을 붙잡아야 합니다. 결국 도울 힘이 없는 사람들끼리 의

지하는 이상한 상황이 되고 말았습니다. 그런데 같은 불안과 두려움 속에서도 다니엘은 달랐습니다. 그는 이 문제에서 벗어날 희망이 하나님께 있다는 사실을 알았기 때문입니다.

시편 146편 3-5절은 말합니다. "귀인들을 의지하지 말며 도울 힘이 없는 인생도 의지하지 말지니 그의 호흡이 끊어지면 흙으로 돌아가서 그 날에 그의 생각이 소멸하리로다 야곱의 하나님을 자기의 도움으로 삼으며 여호와 자기 하나님에게 자기의 소망을 두는 자는 복이 있도다."

두려움을 느낄 때 우리는 도울 힘이 있으신 하나님을 붙잡아야 합니다. 두려움은 하나님을 붙잡을 재료입니다. "하나님에게 소망을 두는 자가 복되다"라는 말씀을 의지해야 합니다. 두려움을 재료로 삼아 하나님께 소망을 두며 살아가야 합니다.

찬양_ 337장(내 모든 시험 무거운 짐을)

용서를 바라는 자

이르되 예수여 당신의 나라에 임하실 때에 나를 기억하소서 하니, 예수께서 이르시되 내가 진실로 네게 이르노니 오늘 네가 나와 함께 낙원에 있으리라 하시니라 누가복음 23:42-43

십자가상에서 예수님 양옆에는 두 강도가 달려 있었습니다. 한 강도는 예수님을 비방했지만, 한 강도는 이렇게 말했습니다. "예수님, 당신의 나라가 임하실 때 혹시 생각나시거든 저를 좀 기억해 주세요"(헬라어 원문 번역).

진정한 회개에는 이런 고백이 있어야 합니다. 특별히 우리는 구약의 제사법에서 용서를 바라는 자의 진정한 태도를 배울 수 있습니다. 하나님은 짐승의 희생 제사법을 알려주셨습니다. 그런데 짐승을 잡아 각을 뜨는 것은 누구의 몫일까요? 그 몫은 제사장이 아니라 짐승을 가지고 나온 사람의 몫입니다. "그는(제물을 가져온 자) 또 그 번제물의 가죽을 벗기고 각을 뜰 것이요 제사장 아론의 자손들은 제단 위에 불을 붙이고 불 위에 나무를 벌여 놓고"(레 1:6-7).

하나님은 짐승을 가지고 온 사람이 직접 각을 뜨게 하심으로,

'짐승의 희생'을 보게 하셨습니다. 그러므로 죄에 대한 경각심과 두려움, 나아가 용서의 은혜가 얼마나 큰 것인지를 체험하게 하신 것입니다. 따라서 진정으로 용서를 구하는 자는 적어도 두 가지 마음을 품어야 합니다. 첫째는 죄에 대한 경각심과 두려움입니다. 둘째는 죄의 용서 대한 은혜의 감격입니다.

　내 허물과 죄 그리고 예수님을 묵상합시다. 그러면 죄는 멀리하고 예수님을 더욱 사랑하게 될 것입니다. 십자가의 주님을 생각하면 죄짓는 것은 거부하고 마음을 새롭게 할 것입니다. 변화된 삶을 살기 위해 애쓸 것입니다.

찬양_ 151장(만왕의 왕 내 주께서)

네가 나를 사랑하느냐

예수께서 시몬 베드로에게 이르시되 요한의 아들 시몬아 네가 이 사람들보다 나를 더 사랑하느냐 요한복음 21:15

 부활하신 예수님은 고향으로 돌아간 베드로를 찾아가셔서 이렇게 묻습니다. "네가 나를 사랑하느냐?" 첫 번째와 두 번째의 질문에서 예수님은 '아가페 사랑'으로 물었습니다. "베드로야, 예전에 네가 나를 절대 버리지 않을 뿐만 아니라 죽을 수도 있다고 했잖아? 아직도 나를 그렇게 사랑하니?"

참 잔인한 질문 같습니다. 죽을지 모른다는 두려움 때문에 도망간 베드로가 '아가페 사랑'을 할 수 없다는 것은 이미 증명되었기 때문입니다. 이에 베드로는 '필리아 사랑'으로 대답합니다. "주님, 저는 그저 주님을 선생님으로 존경하고 사랑합니다."

그러자 세 번째의 질문에서 예수님은 '필리아 사랑'으로 물으십니다. "베드로야, 네가 나를 선생으로서는 사랑하니?" 이 질문에 베드로는 근심합니다. 왜냐하면 선생으로서의 주님을 사랑하는 마음마저 의심 받았기 때문입니다. 베드로는 대답합니다. "주님, 제가 주님을 선생님으로 사랑하는 것은 알고 계시잖아요."

주님이 같은 질문을 세 번이나 한 것은 베드로를 괴롭히기 위함이 아닙니다. 오히려 베드로를 위로하고 격려하기 위해서입니다. 베드로가 어떤 대답을 해도 예수님은 동일하게 "내 양을 먹이라. 내 양을 치라"고 하셨기 때문입니다. 베드로의 마음 상태와 상관없이 예수님은 사명을 주시며, 아가페든 필리아든 베드로가 할 수 있을 만큼의 사명을 감당하게 하신 것입니다.

결국 베드로는 어떻게 변합니까? 예루살렘 교회의 지도자가 되고, 마침내는 로마에서 순교하기까지 놀랍게 사명을 감당했습니다.

부활하신 주님이 우리에게 바라시는 것은 바로 이것입니다. 무리해서 억지로 하는 것이 아니라, 내가 할 수 있는 만큼 진실하게 살아가고, 각자에게 맡겨진 사명을 감당하는 것입니다. 주님은 우리가 진실함을 가지고 성장해 가기를 원하십니다. 그런 의미에서 오늘 하루도 진실하게 살아봅시다. 내가 할 수 있는 만큼 정직하고 바르게 삽시다. 또한 할 수 있는 만큼 주님과 친밀한 시간을 가져 봅시다. 진실함의 씨앗은 반드시 큰 나무로 자랄 것입니다.

찬양_ 갈릴리 호숫가에서

하나님의 성품을 닮아갈 때

그러므로 사랑을 받는 자녀 같이 너희는 하나님을 본받는 자가 되고,
그리스도께서 너희를 사랑하신 것 같이 너희도 사랑 가운데서 행하라

에베소서 5:1-2

자녀는 부모를 닮아갑니다. 얼굴만 닮는 것이 아니라 부모의 행동과 말까지 닮아갑니다. 또한 부모에게 얼마나 많은 관심과 사랑을 받았는가에 따라 마음과 성격이 형성됩니다. 아이의 성장에 부모의 영향력은 절대적입니다. 이는 하나님의 자녀에게도 해당합니다. 우리가 하나님의 성품을 닮아갈 때 나타나는 특징이 있습니다.

첫째는 '건강한 자존감'입니다. 우리는 세상을 살아가면서 자존감이 낮아지거나 혹은 너무 지나쳐서 교만해지는 경우가 있습니다. 그러나 하나님의 자녀는 '나는 하나님의 자녀다'라는 무너지지 않는 자존감으로 당당하게 살아가고, '나는 하나님의 피조물이다'라는 마음으로 교만하지 않습니다.

둘째는 '안정감'입니다. 건강한 가정에서 자란 사람에게는 쉽게 흔들리지 않는 안정감이 있습니다. 왜냐하면 돌아갈 집이 있

고, 지지해 주는 가족이 있기 때문입니다. 마찬가지로 하나님의 자녀에게는 '하나님이 나를 받아주시고, 지지해 주신다'라는 믿음으로 흔들리지 않는 안정감이 있습니다.

셋째는 '베푸는 삶'입니다. 베푸는 삶을 살아간다는 것은 쉽지 않습니다. 그러나 우리에게는 모델이 있습니다. 바로 예수 그리스도를 통해 나타난 섬김입니다. "그리스도께서 너희를 사랑하신 것 같이 너희도 사랑 가운데서 행하라. 그는 우리를 위하여 자신을 버리사 향기로운 제물과 희생 제물로 하나님께 드리셨느니라"는 말씀을 삶 속에서 살아내야 합니다.

하나님은 먼저 사랑을 받은 우리가 그 사랑을 전하며 살아가기를 원하십니다. "그러므로 사랑을 받는 자녀 같이 너희는 하나님을 본받는 자가 되라"고 말씀합니다. "그리스도께서 너희를 사랑하신 것 같이 너희도 사랑 가운데서 행하라"고 말씀합니다. 우리는 하나님의 사랑을 받은 자녀입니다. 따라서 자녀답게 행하며 살아가야 합니다. 건강한 자존감과 삶의 안정감을 가지고 사랑을 베풀면서 살아가야 합니다. 메마른 세상에 복의 통로가 되어야 합니다.

찬양_ 299장(하나님 사랑은)

함께하심의 은혜

이 세 사람 사드락과 메삭과 아벳느고는 결박된 채 맹렬히 타는 풀무 불 가운데에 떨어졌더라. …능히 그들의 몸을 해하지 못하였고 머리 털도 그을리지 아니하였고 겉옷 빛도 변하지 아니하였고 불 탄 냄새 도 없었더라 다니엘 3:23, 27

다니엘의 세 친구는 느부갓네살 왕의 총애를 받았습니 다. 그런데 왕이 세운 금 신상에 절을 하지 않는다는 이 유로 풀무불에 던져지게 되었습니다. 분노한 왕은 풀무불의 강 도를 일곱 배나 뜨겁게 했습니다.

이럴 때 우리가 생각할 수 있는 최선은 무엇입니까? 당연히 풀무불에 들어가지 않는 것입니다. 혹 그런 상황이 생겨도 그 전 에, 그 직전에라도 이 일을 모면해야 합니다. 그런데 세 친구는 풀무불에 던져지고 맙니다.

다니엘의 세 친구 이야기는 '고난을 피한 간증'이 아니라 '고 난 중 함께하심에 대한 간증'입니다. 그들이 풀무불에 던져졌을 때 어떤 일이 일어납니까? 느부갓네살 왕은 이 광경을 이렇게 묘사했습니다. "내가 보니 결박되지 아니한 네 사람이 불 가운데로 다니는데 상하지도 아니하였고 그 넷째의 모양은 신들의 아들과 같도다.”

당연히 불에 타 죽을 줄 알았는데, 어떤 존재가 그들과 함께 있었고, 그 모습은 “신들의 아들과 같다”고 했습니다. 다신론적 세계관을 가진 느부갓네살은 ‘신들의 아들’이라고 했지만, 우리는 그 존재가 누구인지 압니다. 하나님이 그들을 지키시고 보호하기 위해 천사 혹은 예수 그리스도를 친히 보내신 것입니다.

하나님은 늘 우리와 함께하십니다. 그래서 고난을 피한 것도 간증이 되지만, 현재 진행형인 고난도 간증이 될 수 있습니다. 우리는 고난 중에도 함께하시는 하나님을 간증해야 합니다. 풀무불 속에서 함께하신 하나님은 지금도 우리와 함께하시기 때문입니다. 오늘 하루도 힘내십시오. 하나님이 우리와 함께하십니다. 하나님은 우리를 건지시고 보호하시는 분입니다.

찬양_ 301장(지금까지 지내온 것)

더 큰 손해

너희 중에 파당이 있어야 너희 중에 옳다 인정함을 받은 자들이 나타나게 되리라. 그런즉 너희가 함께 모여서 주의 만찬을 먹을 수 없으니

고린도전서 11:19-20

 고린도 교회에는 다양한 문제가 있었고 그중 하나는 성만찬과 관련된 문제입니다. 구체적으로 말하면 교회 분열이 성만찬의 의미를 퇴색시켰습니다.

바울은 말합니다. "너희 중에 파당이 있어야 너희 중에 옳다 인정함을 받은 자들이 나타나게 되리라." 어떻게 들으면 칭찬 같습니다. 교회에 분열이 일어났지만, 그 분열로 인해 어느 쪽이 더 진실한 사람들인지 알게 되었다는 것입니다. 하지만 칭찬이 아닙니다. 바울이 진짜 하고 싶은 말은 20절입니다. "그런즉 너희가 함께 모여서 주의 만찬을 먹을 수 없으니."

종합하면 이런 뜻입니다. "여러분이 분열을 일으킴으로 어느 쪽이 더 진실한지 분간이 될지는 몰라도, 그로 인해 여러분이 행하는 성만찬은 의미를 잃어버렸습니다." 바울은 교회 안에 일어난 어떤 일의 옳고 그름보다는 성만찬의 의미를 잃어버린 것이

더 큰 손해임을 강조하고 있습니다.

성만찬의 의미가 무엇입니까? 예수님이 우리를 위해 자신의 몸과 피를 내어주신 '구원'입니다. 그러나 성만찬의 의미는 여기에만 국한되지 않습니다. 한 덩이로 된 떡을 떼고, 한 그릇에 담긴 포도주를 나누어 마시는 성만찬을 할 때가 있습니다. 이런 방식은 예수님 구원의 의미를 '공동체적'으로 공유하기 위함입니다. 나 혼자만의 구원이 아니라 '우리'의 구원이고, 우리는 예수님의 살과 피를 공유한 '공동체'임을 강조하는 것입니다. 만약 교회가 분열해서 공동체성을 잃어버리면 예수님의 살과 피를 헛되이 하는 것입니다.

교회에는 모이는 숫자만큼의 사연이 있습니다. 그 모든 사연을 공유할 수 있다면 좋겠지만, 현실적으로 불가능합니다. 그래서 교회에는 '사려 깊은 이해심'과 '친절한 권면'이 필요합니다. 우리는 옳고 그름을 가리느라 애쓰는 교회가 아니라, 서로 중보하고 배려하는 교회가 되어서 영적 활기를 되찾는 교회가 되어야 합니다.

찬양_ 221장(주 믿는 형제들)

위기관리 능력

당신들은 나를 해하려 하였으나 하나님은 그것을 선으로 바꾸사 오늘과 같이 많은 백성의 생명을 구원하게 하시려 하셨나니 창세기 50:20

"야구는 투수 놀음이다"라는 말이 있을 정도로 투수의 능력은 승패에 절대적인 영향을 미칩니다. 메이저리그 선수 중에 필 니크로라는 투수가 있습니다. 그는 통산 318승이라는 놀라운 기록을 세웠습니다. 한 기자가 기록의 비결을 물었을 때 그는 이렇게 대답했습니다.

"경기장에서 일어나는 모든 일을 통제할 수는 없지만, 일어난 일에 대해 어떻게 반응하느냐는 통제할 수 있습니다. 저는 제 반응을 통제했기 때문에 이 기록을 세울 수 있었습니다."

야구는 분위기에 좌우되는 경기입니다. 투수가 흔들리면 그 경기는 패할 가능성이 높습니다. 그런데 필 니크로는 스스로 통제하는 '위기관리 능력'이 있었기 때문에 대선수가 될 수 있었습니다.

요셉은 필 니크로 선수와 비슷합니다. 형들 때문에 많은 고통과 괴로움을 겪었지만, 하나님을 향한 신뢰를 바탕으로 자신을 통제합니다. 그래서 분노와 처벌을 하나님의 계획하심과 용서, 관용으로 풀어냈습니다. 모진 세월을 겪으면서 요셉이 깨달은 것은 '이 모든 일은 하나님의 손에 있다'는 것이었습니다. 자신의 감정이 아닌 하나님을 향한 신뢰로 화를 선으로 바꾸었습니다.

삶과 신앙에 피로가 쌓일 때 어떻게 반응하는가가 중요합니다. 삶에서는 필 니크로처럼, 신앙에서는 요셉처럼 반응합시다. 분노, 좌절 등의 감정을 쏟아내기보다 마음을 다스리며, 하나님을 향한 신뢰 속에서 성실히 살아갑시다. 그러다 보면 우리의 삶에도 영광스러운 기록들이 하나씩 쌓여갈 것입니다.

찬양_ 선한 능력으로

뷰티풀 마인드

하나님께서 구하시는 제사는 상한 심령이라. 하나님이여 상하고 통회하는 마음을 주께서 멸시하지 아니하시리이다 시편 51:17

 1994년 노벨 경제학상을 수상한 프린스턴 대학의 존 내쉬 교수의 이야기를 담은 〈뷰티풀 마인드〉라는 영화가 있습니다. 존 내쉬 교수는 오랜 동안 정신분열증을 앓았습니다. 혼자 독방을 쓰면서도 룸메이트와 함께 있다고 생각하거나, 가상의 인물에게 쫓겨 다니는 증세를 보이기도 했습니다. 치료를 받고 증세가 호전되어 다시 프린스턴 대학에서 강의를 하게 되었습니다.

그런데 노벨위원회에서는 그의 정신 분열을 검증하기 위해 감독관을 파견합니다. 마침 강의를 마치고 나오는 내쉬 교수와 마주치게 되었는데, 내쉬 교수는 지나가던 학생을 붙잡고 이렇게 묻습니다. "옆에 있는 사람이 보입니까?" 자신이 환상을 본 것은 아닌지 학생을 통해 확인한 것입니다. 감독관과 차를 마시면서 내쉬 교수는 노벨상 수상에 약점이 될 수도 있는 자신의 상태를 솔직하게 이야기합니다.

노벨위원회는 내쉬 교수의 상태가 완전하지는 않지만, 자신의 상태를 솔직히 인정하고 치료를 위해 노력하는 모습을 보고 수상을 결정합니다. 영화 제목이 왜 〈뷰티풀 마인드〉일까요? 마음에 병이 있어도 인정하고 극복하려는 마음 자체를 '아름다움'으로 표현한 것입니다. 건강한 마음도 아름답지만, 약함을 인정할 줄 아는 마음도 아름답다는 것입니다.

다윗이 그랬습니다. 그의 범죄가 발각되어 수치스러운 마음이 들었지만, 수치를 무릅 쓰고 하나님께 고백합니다. "하나님이 원하시는 제사는 상한 심령입니다. 주께서는 겸손하게 뉘우치며 회개하는 마음을 업신여기지 않을 것입니다"(현대인의 성경).

하나님께서 보시기에 이런 고백이 '뷰티풀 마인드'가 아닐까요? 죄를 인정하지 않고, 버티고, 수치를 덮기보다는 인정하고 하나님의 긍휼과 은혜를 바라는 것이 아름다운 마음입니다.

여러분의 오늘은 어떻습니까? 답답한 현실, 풀리지 않는 일들로 마음이 상해 있지는 않습니까? 혹은 하나님 앞에 감추고 싶은 일이 있지는 않습니까? 그렇다면 뷰티풀 마인드를 가지고 하나님을 만나십시오. 하나님은 그 마음을 업신여기지 않으시고, 위로와 평안의 마음을 주실 것입니다. 하나님 앞에 자신의 모습 그대로를 인정하는 마음, 우리의 현실을 인정하고 긍휼을 바라는 마음으로 오늘 하루를 살아갑시다.

찬양_ 446장(주 음성 외에는)

힘써 대장부가 되라

내가 이제 세상 모든 사람이 가는 길로 가게 되었노니 너는 힘써 대장
부가 되고 네 하나님 여호와의 명령을 지켜 그 길로 행하여 그 법률과
계명과 율례와 증거를 모세의 율법에 기록된 대로 지키라. 그리하면
네가 무엇을 하든지 어디로 가든지 형통할지라 열왕기상 2:2-3

1993년 미국의 대공황 때 프랭클린 루스벨트 대통령이
취임사에서 이런 말을 했습니다. "우리가 가장 두려워할
것은 두려움 그 자체입니다. 막연하고 이유도 없고 정당하지도
않은 그 두려움입니다."

사실 대공황의 현실이 녹록치 않았기 때문에 막연하고 이유
도 없는 두려움은 아니었습니다. 그러나 루스벨트 대통령은 그
두려움 앞에 당당히 맞서기를 독려하며 "그것은 이유 없는 두려
움이다"라고 말한 것입니다.

우리나라에도 이와 비슷한 이야기가 있습니다. 바로 이순신
장군의 이야기입니다. 그 유명한 명량해전을 앞두고 병사들에게
이렇게 말했습니다. "必死卽生 必生卽死필사즉생 필생즉사, 죽고자 하면
살 것이요, 살고자 하면 죽을 것이다." 열두 척밖에 남지 않은 현실이지만

죽을 각오로 싸우면 이길 수 있다는 결연한 의지입니다.

다윗도 아들 솔로몬에게 그런 결연함을 주문합니다. 다윗이 죽을 날이 다가오자 솔로몬에게 이렇게 말합니다. "너는 힘써 대장부가 되라."

위대한 왕이었던 아버지의 부재, 그것은 상상 이상의 두려움일 수 있습니다. 그러나 다윗은 "내가 없기에 더욱 너는 대장부가 되고 하나님의 명령을 지키라"고 말합니다. 현실에 당당히 맞서는 것, 결연함으로 위기를 돌파하는 것이 솔로몬에게 필요한 의지이자, 오늘의 우리에게 필요한 의지입니다.

우리는 살면서 단 열두 척으로 싸움을 해야 하는 상황을 맞이할 때가 있습니다. 이순신이 선조에게 한 유명한 말이 있습니다. "신에게는 아직 열두 척의 배가 남아 있습니다." 우리에게 남아 있는 것은 무엇입니까? 주님은 겨자씨 한 알만 한 믿음으로도 놀라운 일을 할 수 있다고 했습니다. 이순신 장군에게 열두 척의 배가 겨자씨였듯이, 우리에게는 변하지 않는 하나님을 향한 신뢰가 겨자씨입니다.

찬양_ 359장(천성을 향해 가는 성도들아)

친구

이제부터는 너희를 종이라 하지 아니하리니 종은 주인이 하는 것을
알지 못함이라. 너희를 친구라 하였노니 내가 내 아버지께 들은 것을
다 너희에게 알게 하였음이라 요한복음 15:15

 영어로 '존중'은 '리스펙트respect'입니다. 이 말의 원뜻은
'바라보다look at'입니다. 누군가를 존중한다는 것은 그
사람을 우러러보는 것look up도 아니요, 내려다보는 것look down
도 아닙니다. 그저 있는 그대로를 바라봐 주는 것이 존중입니다.

그런 면에서 주님이 우리를 '친구'라고 하신 것이 참 좋습니
다. 진정한 친구는 내 처지와 형편이 어떠하든 간에 같은 눈높이
에서 바라봐 주는 사람입니다. 그래서 고민을 털어놓을 수 있고,
어떤 말을 해도 비난 받지 않습니다. 왜냐하면 나를 우러러보거
나 내려다보지 않고, 있는 그대로의 모습을 봐주기 때문입니다.

주님은 이렇게 말씀하십니다. "이제부터는 너희를 종이라 하
지 않고 친구라 하였노니." 얼마나 좋습니까? 주님이 우리를 친
구 삼아 주시고, 내가 주님을 친구로 여길 수 있다는 것입니다.

누가복음 7장 34절에 이런 말도 있습니다. "이 사람은 세리와

죄인들의 친구이다." 물론 바리새인들이 한 말이지만, 주님은 실제로 세리와 죄인들의 친구가 되셨습니다. 우리는 친구 되시는 주님의 가슴이 얼마나 넓은지 알 수 있습니다. 이 세상 그 누구도 주님의 친구가 되기에 부족한 사람은 없습니다. 그것은 내가 괜찮은 사람이라기보다는 주님이 좋은 친구가 되어주시기 때문입니다.

친구 되시는 주님과 함께하기 바랍니다. 주님이 우리와 눈을 맞추며, 있는 모습 그대로를 인정해 주시듯 우리도 이에 호응하여 주님과 눈높이를 맞추고 바라보아야 합니다. 주님이 우리를 존중해 주시는 만큼, 우리도 주님을 바라봄으로 존중해야만 관계가 지속되고 성숙할 수 있습니다.

기쁨, 슬픔, 좋은 일, 힘든 일 등 무엇이든 주님과 대화하십시오. 우리를 존중하시는 주님께서 가장 필요한 말씀을 전해 주실 것입니다.

찬양_ 90장(주 예수 내가 알기 전)

내 힘을 빌려주는 사랑

나는 포도나무요 너희는 가지라. 그가 내 안에, 내가 그 안에 거하면
사람이 열매를 많이 맺나니, 나를 떠나서는 너희가 아무 것도 할 수
없음이라 요한복음 15:5

 사람은 '잠재력'을 실현해 갈 때 기쁨과 보람을 느낍니
다. 그런데 두려움은 잠재력 실현의 장애물입니다. 예를
들어, 어떤 학생에게 정말 하고 싶은 전공이 있는데 "그 학과를
나와서 먹고살 수 있을까. 그냥 취업 잘 되는 학과에 들어가는
것이 낫지 않을까?" 하는 두려움이 있습니다. 잠재력 실현과 현
실의 두려움 사이에 갈등이 생기고, 많은 경우 잠재력을 포기합
니다.

자신의 잠재력, 즉 '자기가 정말 하고자 하는 것'을 끌고 나가
지 못하는 것은 자아의 힘이 부족하기 때문입니다. 이럴 때 누군
가 옆에서 이렇게 말해 주면 힘이 됩니다. "너는 혼자가 아니야.
내가 도와줄게. 실패하더라도 한 번 도전해 봐!"

부족한 자아의 힘을 빌려주는 누군가가 옆에 있다면, 실패하
더라도 도전할 것입니다. 자아의 힘을 빌려주는 것을 우리는 '사

랑'이라고 합니다. 부모가 자녀를 응원하는 것, 교사가 학생을 독려하는 것, 친구가 옆에서 함께 버텨주는 것, 내 힘을 누군가에게 빌려주는 것이 바로 사랑입니다.

예수님은 말씀하십니다. "가지 혼자서는 열매를 맺을 수 없지만 나무인 내가 힘을 줄게. 영양분을 공급해 줄게. 너는 그것으로 열매를 맺어 봐."

포도나무이신 예수님이 가지인 우리를 사랑하는 방식은 이러합니다. 우리의 부족함을 채워주고, 응원하고, 독려하는 것입니다. 이 모든 것을 우리는 사랑이라고 합니다. 사랑의 시너지 효과로, 가지는 한 알이 아닌 한 송이의 열매를 맺습니다. 그래서 사랑은 1+1이 아니라 1+2이고 더 나아가 100×100도 될 수 있습니다. 다만 더하기(+)를 하든지, 빼기(-)를 하든지, 곱하기(×)를 하든지, 나누기(÷)를 하든지 어떤 시너지를 낼지는 우리가 결정할 일입니다.

포도나무이신 예수님이 우리에게 살아갈 힘을 주시며 응원하십니다. 그러니 자신의 잠재력, 내가 이루고자 했던 선한 일을 이루어 가십시오. 우리의 오늘이 더하기와 곱하기가 되어서 많은 열매를 맺게 될 것입니다.

찬양_ 411장(아 내 맘속에)

스승이 필요합니다

주의 말씀은 내 발에 등이요, 내 길에 빛이니이다 시편 119:105

 태어날 때부터 창의적인 사람은 없습니다. 누군가를 흉내 내고, 따라 하고, 모방하면서 점점 자기만의 것을 찾아가는 것입니다. 그런 의미에서 우리에게는 스승이 필요합니다. 나를 끌어주는 사람, 따르고 싶은 롤모델, 동행해 주는 멘토 등 우리에게 좋은 본보기가 있다는 것은 큰 복입니다.

가정에도 이런 복이 있어야 합니다. 만약 자녀들이 "나는 커서 우리 아빠 엄마처럼 되고 싶다"라고 말하면, 그 가정에는 좋은 스승이 있는 것입니다. 이런 가정이라면 자녀의 미래에 대해 크게 걱정하지 않아도 될 것입니다. 왜냐하면 좋은 롤모델인 아빠 엄마의 말, 행동, 습관, 성품 등을 재료 삼아 좋은 사람으로 성장할 것이기 때문입니다.

영적으로도 이런 복이 있어야 합니다. 시편 119편 105절은 말합니다. "주의 말씀은 나를 안내하는 등불이며 내 길을 비춰 주는 빛입니다"(현대인의 성경). 주님의 말씀은 내 인생을 안내하며 갈 길을 비춰줍니다. 그러니 스승입니다. 그것도 66권,

1,189장, 31,173절에 걸쳐서 다양한 상황, 다양한 경우에 맞는 안내를 해줍니다. 이보다 더 확실하고 구체적인 스승은 없습니다.

'내 발의 등'은 발밑을 비추는 등입니다. 이 의미를 적용하면, 우리는 하루하루를 말씀의 등불로 밝혀야 합니다. 그래야 피할 것은 피하고, 안전한 바닥을 밟으며 평안히 걸어갈 수 있습니다.

성경 말씀을 여러분의 스승으로 삼으십시오. 오늘은 무엇을 깨닫게 하시는지, 어떤 지혜를 주시는지 묵상의 능력을 통해 발견하십시오. 오늘 우리에게 요구하는 능력이 바로 묵상의 능력입니다. 이 능력으로 하루하루 말씀의 보화를 캐내어 살아가는 우리 모두가 되면 좋겠습니다. 참고로, 묵상의 능력은 '한 번에'가 아니라 '꾸준히' 쌓여가는 것입니다. 하루하루 말씀을 보며 묵상하는 습관이 최선의 지름길입니다.

찬양_ 199장(나의 사랑하는 책)

소라게 영성

내가 하나님을 의지하였은즉 두려워하지 아니하리니, 사람이 내게
어찌하리이까 시편 56:11

보통 게는 껍질이 딱딱해서 자신을 보호할 수 있습니다.
심지어 집게로 공격도 할 수 있습니다. 그런데 소라게는
등과 배가 딱딱하지 않습니다. 그래서 소라 껍데기를 짊어지고
다닙니다. 위협이 느껴지면 재빨리 소라 껍데기 속으로 숨고 집
게로는 입구를 틀어막아 몸을 보호합니다.

재미있는 상상 하나 해볼까요? 어느 날 꽃게가 소라게에게
말합니다. "야, 너는 자기 몸을 스스로 보호할 줄 알아야지. 자립
심도 없냐." 이 말을 들은 소라게는 무척 속이 상했습니다. 왜냐
하면 소라 껍데기 속에 숨고 싶어서 숨은 것이 아니기 때문입니
다. 본래 그렇게 태어났기 때문에 어쩔 수 없이 소라 껍데기에
의지하며 살아가야 했습니다.

'성숙하다'라는 말은 상황에 따라 달리 해석될 수 있습니다.
꽃게의 성숙함은 단단한 껍데기로 자신을 보호할 줄 아는 것을
'성숙하다'고 하겠지만, 소라게의 성숙함은 소라 껍데기를 짊어

지고 다니며 위험할 때 잘 숨는 것을 '성숙하다'고 말할 수 있습니다. 따라서 우리는 '때에 따라' 꽃게의 성숙함과 소라게의 성숙함을 취해야 합니다.

다윗은 골리앗 앞에서는 꽃게 같았습니다. 그러나 사울에게 쫓기다가 블레셋인들에게 붙잡혔을 때 이렇게 말합니다. "내가 하나님을 의지하였은즉 두려워하지 아니하리니." 소라게처럼 곧장 하나님을 의지합니다.

오늘 우리에게는 어떤 영성이 필요합니까? 꽃게의 영성입니까, 소라게의 영성입니까? 때에 따라 내가 취할 모습이 어떤 것인지 잘 분별하는 지혜가 필요합니다. 꼭 기억할 것은, 우리는 언제 어디서든 소라게처럼 하나님께 기댈 수 있다는 사실입니다.

찬양_ 약할 때 강함 되시네

기우가 아닌 예상

 기우와 예상의 차이를 아십니까? '기우'는 일어나지 않을 일을 지레 걱정하는 것입니다. 흔히 사용하는 '쓸데없는 걱정'이라는 말이 기우입니다. 기우가 심한 사람은 늘 불안하고 걱정과 근심 속에 살아갑니다. 반면에 '예상'은 충분히 일어날 가능성이 있는 문제를 미리 생각하고 대비하는 것입니다. 따라서 우리는 '기우'가 아니라 '예상'하는 능력을 갖추어야 건강한 삶을 살아갈 수 있습니다.

그런데 앞날을 예상하고 대비한다는 것이 말처럼 쉽지 않습니다. 어떻게 해야 예상하는 능력을 키울 수 있을까요? 신기하게도 예상의 능력은 외부의 영향을 받습니다. 즉, 나를 지지해 주는 든든한 사람이 있을 때 예상의 능력도 자란다는 것입니다.

예를 들어, 갓 결혼한 신부가 말합니다. "앞으로 이런저런 부분에서 내가 잘 할 수 있을지 걱정되네." 신부는 앞날을 예상하고 대비하기 바라는 마음에서 이런 말을 했습니다. 그런데 신부의 말을 들은 신랑은 이렇게 말합니다. "그게 왜 걱정이야. 걱정도 많네." 이 말을 들은 신부의 마음이 어떨까요? 예상하고 대비해서 좋은 가정을 이루고자 하는 마음이 힘을 잃을 것입니다. 반대로 신랑이 이렇게 말해 주면 어땠을까요? "나도 걱정이 되기는 하지만 함께하면 잘 해낼 수 있을 거야!" 이 말을 들은 신부는 힘든 상황이 와도 좋은 가정을 만들려고 힘쓸 것입니다.

나를 지지해 주는 누군가가 있을 때, 우리는 힘을 낼 수 있습니다. 아이가 혼자 길을 가다가 사나운 개를 만나면 두렵지만, 아빠 엄마의 손을 잡고 있으면 전혀 두렵지 않습니다.

하나님께서 우리에게 말씀하십니다. "내가 너를 굳세게 하리라. 참으로 너를 도와주리라. 참으로 나의 의로운 오른손으로 너를 붙들리라."

찬양_ 이 믿음 더욱 굳세라

고통의 승화

당신들이 나를 이 곳에 팔았다고 해서 근심하지 마소서. 한탄하지 마소서. 하나님이 생명을 구원하시려고 나를 당신들보다 먼저 보내셨나이다 창세기 45:5

어느 개그맨이 이런 말을 했습니다. "등산과 마라톤을 왜 하는지 정말 이해가 안 됩니다. 어차피 다시 내려올 텐데 왜 올라가는지, 반환점을 돌아서 제자리로 올 것을 왜 힘들게 뛰는지 모르겠습니다."

결과만 놓고 보면 등산과 마라톤은 제자리로 돌아오는 운동입니다. 그런데도 많은 사람이 등산이나 마라톤을 하는 이유는 즐거움 때문입니다. 산을 오르거나 숨이 차게 뛰는 과정은 힘들지만, 그것을 다 견뎌냈을 때 찾아오는 성취감과 건강, 날씬한 몸매 같은 것들은 힘든 과정을 참게 만드는 즐거움이 됩니다.

그런 면에서 볼 때 즐거움은 '고통'을 수반합니다. 운동의 강도가 높을수록 고통은 크지만, 그 결과는 큰 즐거움으로 돌아옵니다. 반대로 고통을 감수하지 않는 사람은 즐거움을 느낄 수 없습니다. 대개 고통의 과정을 생략한 채 쉽게 얻는 즐거움은 사람을 건강하게 하지 못합니다.

고통이 즐거움이 되다! 이를 다른 말로 바꾸면 '고통이 즐거움으로 승화되다' 입니다. 우리는 이런 승화의 이야기를 들을 때 숭고함을 느낍니다. 요셉의 삶이 그랬습니다. 형들에 의해 팔아넘겨진 상처와 충격이 얼마나 컸을까요? 그런데 요셉이 대단한 것은 스스로 고통을 소화하고 승화시켰다는 것입니다. 특히 자신이 겪은 고통 속에 하나님의 섭리가 있었음을 고백합니다. 결국 하나님에 대한 신뢰가 요셉의 삶을 고통이 아닌 즐거움으로 승화시킨 것입니다.

우리 역시 고통을 고통으로 남겨둘지, 아니면 즐거움으로 승화시킬지는 자신의 몫입니다. 우리도 요셉처럼 '하나님이…'라고 말할 수 있는 신뢰 속에서 승화된 삶을 살았으면 좋겠습니다. 그렇게 할 수 있다면 지금의 어려움은 더한 즐거움으로 되돌아 올 것입니다.

찬양_ 주 품에

그로 인해

내가 누울 때면 말하기를 언제나 일어날까, 언제나 밤이 갈까 하며 새벽까지 이리 뒤척, 저리 뒤척 하는구나 욥기 7:4

욥기 7장에는 욥의 한탄이 절절하게 묘사되어 있습니다. 가족과 재산을 모두 잃었는데, 누구 하나 위로해 주는 이가 없습니다. 욥은 자신의 인생을 품꾼의 노동으로 묘사합니다. "종은 저녁 그늘을 몹시 바라고 품꾼은 그의 삯을 기다리나니." 노동하는 일꾼에게 유일한 낙이 무엇입니까? 고된 일과를 마치고 품삯을 받는 것입니다. 그리고 집에 와서 편히 쉬는 것이 하루의 보람이자 낙일 것입니다.

그런데 욥이 이렇게 말합니다. "내가 누울 때면 말하기를 언제나 일어날까, 언제나 밤이 갈까 하며 새벽까지 이리 뒤척, 저리 뒤척 하는구나." 고된 일과를 마치고 잠자리에 누웠는데 또 걱정하기를 "이제 자고 나면 또 금세 일어나야겠지" 하며 뒤척이다가 결국 제대로 잠도 못 잔다는 말입니다.

여러분의 마음은 어떻습니까? 혹시 욥처럼 뒤척이지는 않습니까? 시편 127편에서 "여호와께서 그의 사랑하시는 자에게는 잠을 주시는도다"라고 했습니다. 여러분의 삶에 평안한 잠과 휴식의 복이 있기를 바랍니다.

우리의 삶에 있는 장애물과 걱정은 우리를 뒤척이게 하지만, 그로 인해 더욱 하나님을 찾게 됩니다. 마치 솔로몬이 허무함을 느낄 때 "한시라도 더 젊었을 때 창조주 하나님을 기억하라"고 했던 것처럼 말입니다.

'힘들다'가 아니라 '힘들기 때문에 하나님을 찾는다.' '불안하다'가 아니라 '불안하기 때문에 기도한다'가 되어야 합니다. 그 어느 때보다 하나님을 찾을 이유가 충분하지 않습니까?

찬양_ 너 결코 용기 잃지 말아라

방향성의 차이

그의 어머니가 그를 낳을 때 무척 고생하였으므로 그의 이름을 야베
스라고 지었는데 이것은 고통이란 뜻이다 역대상 4:9, 현대인의 성경

한국 사람들이 가진 특별한 정서 중 하나는 한(恨)입니
다. 그런데 흥미로운 것은 한국 사람들은 '한'을 '신명'
으로 풀어낼 줄 안다는 것입니다. 한 예로, '아리랑'은 가사가 참
구슬프고 한스럽습니다. 그런데 지역에 따라 부르는 방식이 조
금씩 다릅니다. 어느 지역에서는 한스럽기보다는 신명 나게 들
립니다. 빠른 장단에 맞춰 춤도 춥니다. 심지어는 운동경기의
응원가로 '아리랑'을 부르기도 합니다. 어떻게 이런 일이 가능
할까요?

이는 방향성의 차이입니다. 한을 한으로 풀어내면 비극적이
지만, 신명으로 풀어내면 해학과 숭고의 삶으로 나아가게 됩니
다. 결국 한으로 풀 것인지, 신명으로 풀 것인지 한 끗 차이의 결
정에 따라 인생이 달라집니다.

야베스는 운명적으로 고통스러운 사람입니다. 그를 낳을 때
죽을 만큼 고생한 어머니는 아들의 이름을 '야베스(고통)'라고

지었습니다. 구체적으로 어떤 사연이 있는지 알 수는 없지만, 아마도 야베스는 괴로웠을 것입니다. 누군가가 자신의 이름을 부를 때마다 '고통'이라는 단어가 떠오르고, 그런 태생적 운명이 한스러웠을 것입니다.

그런데 야베스는 한을 한으로 두지 않고 신명으로 풀어냈습니다. "야베스가 이스라엘 하나님께 아뢰어 이르되 주께서 내게 복을 주시려거든 나의 지역을 넓히시고, 주의 손으로 나를 도우사 나로 환난을 벗어나 내게 근심이 없게 하옵소서 하였더니, 하나님이 그가 구하는 것을 허락하셨더라"(대상 4:10).

타고난 운명처럼 지고 있었던 한스러움을 하나님께 가져갔을 때 지경이 넓어지는 신명 나는 삶을 살게 되었습니다. 하나님께로 가지고 간 그의 방향성은 복된 인생이 되었습니다. 우리에게도 하나님께로 나아가는 방향성이 필요합니다. 옳은 방향을 정하십시오. 그러면 우리는 현대판 야베스가 되어 지경이 넓어지는 은혜 속에 살게 될 것입니다.

찬양_ 야베스의 기도

솔직함의 기술

나오미가 그들에게 이르되 나를 나오미라 부르지 말고 나를 마라라 부르라, 이는 전능자가 나를 심히 괴롭게 하셨음이니라 룻기 1:20

 저는 감정 표현을 잘하는 편이 아니었습니다. 좋은 것도 속으로만 좋아하고, 싫은 것도 속으로만 싫어합니다. 그런데 제 아내는 감정 표현을 잘합니다. 처음에는 서로 다른 성향 때문에 부딪힐 때가 종종 있었습니다. 그런데 지금은 제가 좀 변했습니다. 표현하는 것이 속도 편하고, 갈등이 일어날 만한 상황도 잘 넘어가는 것을 경험했기 때문입니다.

'솔직함'은 (잘 표현할 수 있는 기술만 갖춘다면) 대인관계에 있어서 꽤 좋은 수단이 될 수 있습니다. 또한 솔직함의 기술은 하나님과의 관계에서도 꽤 유용한 도구입니다.

나오미가 그랬습니다. 남편과 아들들을 잃고 고향으로 돌아온 나오미는 이렇게 말합니다. "나를 나오미가 아니라, 마라(괴로움)라고 부르십시오. 하나님이 나를 괴롭게 했기 때문입니다." 자신이 당한 고통이 하나님 때문이라고 꽤 솔직하게 말합니다.

우리는 흔히 부정적인 감정은 하나님께 표현할 수 없고, 불경

스러운 일이라 여깁니다. 그러나 나오미가 이렇게 했다고 해서 하나님을 떠났나요? 하나님께서 이런 나오미에게 벌을 내리셨나요? 전개되는 내용을 보면 나오미는 여전히 하나님을 믿었을 뿐 아니라, 오히려 고통을 주신 분이 하나님이시니, 고통을 풀어주실 분도 하나님이시라는 자세로 살아갑니다.

솔직해야 선택할 수 있습니다. 원망의 대상이 하나님이면 하나님을 찾아가서 풀어낼 수 있지만, 감정을 묻어두면 찾아갈 데가 없습니다.

여러분의 마음은 어떻습니까? 하나님께 솔직하십시오. 좋으면 좋다고 표현하고, 싫으면 싫다고 그 감정을 솔직하게 표현하십시오. 그러면 하나님 안에서 풀어질 것입니다. 이런 친밀함의 관계는 자녀가 누리는 특권입니다. 이 특권으로 속 시원한 삶을 살아가기 바랍니다.

찬양_ 다 표현 못해도

가이드라인

하나님이 세상을 이처럼 사랑하사 독생자를 주셨으니, 이는 그를 믿는 자마다 멸망하지 않고 영생을 얻게 하려 하심이라 요한복음 3:16

최근 한 연구원에서 '코로나19로 인한 국민건강실태'를 조사했는데, 불안과 우울증, 즉 '코로나 블루'를 경험한 국민이 48퍼센트 정도라고 합니다. 일상에 큰 변화가 일어나면서 우울감과 무기력증을 느끼는 것입니다. 코로나 블루 현상 속에서 사람들은 '부정적 인식'을 갖게 되고, '내가 처한 상황이 너무 힘들다, 아무도 내게 관심이 없다'라고 생각하는 것입니다. 이럴 때일수록 마음을 잘 다스려야 합니다. 우리는 근거가 있는 확실한 길잡이를 붙들어야 합니다.

예전에 지리산을 등산한 적이 있습니다. 천왕봉이 가까워질수록 비바람은 더욱 거셌습니다. 생존의 위협이 느껴져서 정상을 코앞에 두고 내려가야 했습니다. 한 걸음도 내딛기 어려울 정도로 바람은 거세고, 한 치 앞도 보이지 않는 상황에서 '가이드라인안내 밧줄'을 붙잡고 겨우 내려올 수 있었습니다. 만약 가이드라인이 없었다면 바람에 밀려 넘어지거나 다쳤을 것입니다.

코로나 블루 상황도 마찬가지입니다. 근거 없는 감정에 휩쓸리지 말고, 분명한 가이드가 되어주는 말씀을 붙들어야 합니다. 이에 오늘 말씀을 권면해 드립니다. "하나님이 세상을 이처럼 사랑하사 독생자를 주셨으니 이는 그를 믿는 자마다 멸망하지 않고 영생을 얻게 하려 하심이라." 우리는 혼자가 아니라고 말합니다. 하나님의 사랑이 이만큼이라고 말합니다.

기쁨이 없습니까? 아무도 나에게 관심이 없는 것 같습니까? 아닙니다. 우리와 함께하시며 사랑을 부어 주시는 하나님이 계십니다. 바람이 거세도 우리를 보호해 주시는 가이드(하나님)와 라인(말씀)을 붙들면 넘어져 다치는 일은 없습니다. 거친 비바람 속에서도 우리를 안전하게 이끄시는 가이드라인, 곧 하나님 말씀을 굳게 붙들고 기쁘게 살아갑시다.

찬양_ 아버지 사랑 내가 노래해

루스에서 벧엘로

그 곳 이름을 벧엘이라 하였더라. 이 성의 옛 이름은 루스더라

창세기 28:19

예전에 《매직아이》라는 책이 유행한 적이 있습니다. 그냥 볼 때는 반복되는 문양 정도로만 보이는데 초점을 잘 맞춰서 보면 숨겨져 있는 글자나 그림이 보입니다. 처음 매직아이를 볼 때는 아무리 초점을 맞추려고 해도 잘 안 되고, 아무것도 보이지 않았습니다. 그러다가 어느 순간 초점이 맞춰지자 신기한 그림이 펼쳐졌습니다. 매직아이에 숨겨진 그림을 보는 방법은 초점을 잘 맞추는 것입니다.

야곱에게도 이와 비슷한 일이 벌어졌습니다. 형 에서를 피해 도망가는 야곱은 들판에서 돌베개를 베고 자야 했습니다. 그곳의 본래 지명은 '루스'입니다. 루스는 '도피처'라는 뜻입니다. 참으로 야곱의 상황과 잘 맞지 않습니까? 야곱이 누워 있는 곳은 그야말로 목숨을 부지하기 위한 도피처였습니다.

아마 이때의 야곱에게는 아무것도 보이지 않았을 것입니다. 그의 미래도, 가족 간의 회복도, 아무것도 장담할 수 없었습니

다. 그런데 야곱은 그곳에서 꿈을 꿉니다. 천사가 오르락내리락 하고 하나님 약속의 말씀이 선포됩니다. 이때 야곱의 초점이 비로소 하나님을 향하게 됩니다. 그래서 제단을 쌓고 그곳의 이름을 '벧엘'이라 부릅니다. 벧엘의 뜻은 '하나님의 집'입니다. 도피처가 하나님의 집이 된 것입니다.

장소가 달라진 것은 아닙니다. 같은 장소이지만 야곱의 초점이 하나님을 향하자 지명이 바뀐 것이고, 야곱이 하나님의 약속 가운데 살게 된 자로 바뀐 것입니다.

같은 장소, 같은 상황에서도 하나님께 초점을 맞추고 기도의 제단을 쌓는다면 그곳과 그 상황이 하나님이 머무르시는 벧엘, 곧 하나님의 집이 되는 것입니다.

여러분의 가정과 환경과 상황을 하나님이 머무르시는 장소로 바꾸십시오. 하나님께 초점을 맞추고, 그분의 이름을 부를 때 벧엘의 변화는 시작됩니다.

찬양_ 시선

약할 때 강함 되시네

 연세대학교 사회복지학 교수였던 이익섭 교수의 일화입니다.

이 교수는 초등학교 4학년 때 약을 잘못 먹어서 시력을 잃었습니다. 하지만 삶의 의지를 꺾지 않고 시카고 대학에서 사회복지학을 전공하여 연세대학교 교수가 되었습니다. 어느 날 친구와 이런 대화를 나눴습니다. 한 번은 청와대의 초청을 받아 보건복지부 장관과 함께 대통령과 면담을 했는데, 평소 하고 싶었던 이야기를 속 시원히 다 했다는 것입니다.

이에 친구가 묻습니다. "어떻게 대통령한테 할 말 다 할 수 있어?"

이 질문에 대한 이익섭 교수의 대답이 걸작입니다. "야, 내가 눈에 뵈는 게 있냐?"

심리학 교수였던 친구는 이익섭 교수의 유머 속에서 그의 깊이를 보았다고 합니다. 자신의 보지 못함을 웃음의 소재로 승화시키기까지 수많은 고통을 겪으면서 장애를 뛰어넘은 것입니다. 실명은 더 이상 이익섭 교수의 장애가 아니었습니다.

바울도 비슷하지 않습니까? 바울도 자신의 질병이 너무 괴로워 세 번이나 기도했습니다. 그러나 주님의 응답은 "내 은혜가 네게 족하도다. 이는 내 능력이 약한 데서 온전하여짐이라"였습니다. 듣기에 따라서는 상처가 되는 말입니다. 주님은 "나는 너의 약함을 통해서 일한다"고 하십니다. 결국 약한 상태로 두시겠다는 것입니다.

바울은 이 응답을 이렇게 승화시켰습니다. "이는 내가 약한 그 때에 강함이라." 자신의 약함을 약점, 단점, 창피한 일로 여기지 않고 "주님이 말씀하셨으니 내 약함도 강함이 될 수 있다." 이것이 바울이 소유한 믿음의 깊이입니다.

우리의 약함마저도 하나님의 입장에서는 강함을 위한 재료가 될 수 있습니다. 이 소망을 가지고 우리도 이익섭 교수처럼, 바울처럼 고백하면 좋겠습니다. 어쩌면 지금이야말로 우리 영성이 깊어질 최고의 기회가 아닐까요?

찬양_ 약할 때 강함 되시네

목표를 향하여

모든 일에 머리 되신 그리스도를 닮아가야 합니다

에베소서 4:15, 현대인의 성경

 청소년기를 '질풍노도의 시기'라고 합니다. '강한 바람과 성난 파도의 시기'라는 뜻으로, 격동적인 감정 변화를 느끼는 청소년기를 이르는 말입니다. 그런데 '청소년'이라는 용어 자체가 혼란스러운 단어입니다. 청소년은 '청년'과 '소년'의 합성어입니다. 청년인 동시에 소년이라는 뜻입니다. 이것을 뒤집어 말하면 어린아이도 어른도 아닌 존재라는 말입니다. 그러니 혼란스럽지 않겠습니까?

그러나 이 시기를 거쳐야 성인이 됩니다. 누군가는 이렇게 조언을 합니다. "그동안 왕자와 공주로 살아왔지만, 이제는 신하도, 무수리도 될 수 있음을 빨리 깨달아야 한다." 무슨 의미입니까? 그동안은 부모의 사랑을 받으며 살아왔지만, 이제는 주어야 받을 수 있음을 인정하라는 말입니다. 주어야 받을 수 있다. 냉정해 보이지만, 현실을 인정하고 수용해야 온전한 성인이 됩니다.

그런데 요즘 우리가 이런 청소년기를 보내고 있는 것 같습니다. 예배와 속회 등 많은 모임을 대부분 온라인으로 대체했습니다. 그러다 보니 예배를 드렸지만 왠지 안 드린 것 같고, 모임은 했지만 뭔가 좀 부족한 것 같습니다.

그러나 엄연한 현실입니다. 부정하기보다는 적응해야 합니다. 상황이 완전히 좋아지면 다시 예전의 모습을 회복하겠지만, 이번 기회를 통해 '상황과 조건에 관계없이 신앙을 붙들 능력이 있는가?'를 돌아보아야 합니다. 모자람이 보이면 노력해야 하고, 적응하기 어려웠다면 현실을 수용해야 합니다. 이는 우리의 영적 체력을 키우고 자라가는 과정이 될 것입니다.

바울은 우리의 목표를 '그리스도'라 하였습니다. 예수님은 십자가를 지고 오르신 골고다 언덕길에서 쓰러지기도 하셨고, 고통도 당하셨지만 결국 완성하셨습니다. 우리도 힘써 앞으로 나가야 합니다. 이 모든 과정 후에는 어느새 영적 거인으로 자란 우리의 모습을 발견하게 될 것입니다.

찬양_ 353장(십자가 군병 되어서)

네 잘못이 아니야

나도 너를 정죄하지 아니하노니 요한복음 8:11

영화 〈굿 윌 헌팅〉의 주인공 윌 헌팅의 직업은 매사추세츠 공과대학교 청소부입니다. 윌 헌팅은 어렸을 때 부모에게 학대 받고 버려져서 삐뚤어진 삶을 살고 있었습니다. 그런데 윌 헌팅은 천재입니다. 수학 교수가 복도 칠판에 써 놓은 어려운 문제도 단숨에 풀어놓습니다.

어느 날 윌 헌팅의 아픔을 알아본 숀이라는 상담 교수를 만나면서 그의 내면이 드러나기 시작합니다. 윌 헌팅의 아픔과 성장 과정을 알게 된 숀 교수가 윌 헌팅에게 이렇게 말합니다. "네 잘못이 아니야It's not your fault."

삐뚤어진 삶을 살아가는 것도, 상처 때문에 마음을 닫고 살아가는 것도 '네 잘못이 아니'라는 것입니다. 숀 교수가 진심을 담아 이 말을 반복하자 윌 헌팅의 마음이 무너져 내리고, 그동안의 상처를 치유 받게 됩니다.

우리가 어찌할 수 없는 상황들이 우리를 몰고 갈 때가 있습니다. 지금 우리가 겪고 있는 상황도 그렇습니다. 원치 않는 상황들이 우리를 몰아가고, 이 시간이 길어지다 보니 평소 같지 않은 불만이 터져 나오고, 더는 버티기 어렵다는 불평도 하고, 누군가를 비난하기도 합니다.

이에 대해 주님은 말씀하십니다. "네 잘못이 아니다." 마치 죄를 짓고 잡혀 온 여인에게 "나도 너를 정죄하지 않는다"고 말씀하신 것처럼 말입니다. 주님은 우리를 살게 하시고, 살기를 원하시는 분입니다. 그래서 여인에게도 "이제는 같은 죄를 반복하지 마라"고 하셨습니다. "과거에는 상황이 그렇게 몰고 갔더라도 이제부터는 바르게 살아야 한다"는 격려의 말입니다.

주님은 오늘을 사는 우리에게도 말씀하십니다. "네 잘못이 아니다. 그래도 마음이 엇나가지 않도록 힘써야 한다." 우리는 급격한 변화의 시기를 살고 있습니다. 그래서 당황스럽고 때로는 화가 나기도 하며 인내심의 한계를 느끼기도 합니다. 그러나 이런 상황들이 우리의 잘못은 아닙니다. 거대한 파도 같은 상황들이 우리를 몰아가고 있기 때문입니다. 그렇지만 주님의 말씀을 기억합시다. 이런저런 상황들이 우리를 몰아가도 그 속에서 엇나가지 맙시다. 이것이 정죄하지 않으시는 주님의 바람입니다.

찬양_ 샬롬

산 위의 은혜

아브라함이 그 땅 이름을 여호와 이레라 하였으므로 오늘날까지 사람들이 이르기를 여호와의 산에서 준비되리라 하더라 창세기 22:14

백 세에 얻은 아들 이삭을 바치기 위해 산에 오르는 아버지 아브라함의 심정이 어땠을까요? 이것이 과연 이삭만을 드린 것일까요? 이삭을 제물로 드려야 하는 아브라함은 지금 자기의 모든 것을 내어 드리는 것입니다. 그래서 주어진 결과가 무엇입니까? 바로 '여호와 이레'입니다. 하나님은 이삭을 대신할 양을 준비하셨고, 아브라함은 친히 준비하신 하나님의 은혜를 맛볼 수 있었습니다.

아브라함이 산을 오르지 않았거나, 중도에 포기했다면 어떻게 되었을까요? 준비하신 하나님의 은혜를 경험하지 못했을 것입니다. 따라서 '여호와 이레'의 은혜는 아무나 누리는 것이 아닙니다. 순종한 자, 하나님을 신뢰하는 자, 자기를 내어 드린 자만이 누릴 수 있는 은혜가 바로 여호와 이레, 준비하시는 하나님의 은혜입니다.

창세기 22장 14절을 볼 때마다 궁금한 것이 있습니다. 양은 언제부터 거기에 있었을까요? 하나님은 마술처럼 없는 양을 단번에 있게 하실 수 있는 분이지만, 그렇게 하지 않으셨을 것 같습니다. 양은 반대편에서 올라오고 있었을 것입니다. 아브라함이 산을 오르기 시작했을 때, 반대편에서 양도 함께 오르고 있었다는 것입니다.

그래서 산 위에 오르기 전까지는 절대로 양을 볼 수 없습니다. 산 위에 오른 후에야, 순종의 과정, 신뢰의 과정을 거쳐야만 볼 수 있는 것이 여호와 이레의 어린 양입니다. 당신을 위한 여호와 이레의 은혜가 산 건너편에서 함께 오르고 있습니다. 당장 눈으로 볼 수 없다고 중도에 포기하지 마시고, 하나님을 신뢰함으로 끝까지 주어진 길을 걸어가십시오. 그러면 마침내 산 위에 준비된 양을 보게 될 것입니다.

찬양_ 괴로울 때 주님의 얼굴 보라

견디면 웃을 날이 온다

그러므로 형제들아 더욱 힘써 너희 부르심과 택하심을 굳게 하라. 너희가 이것을 행한즉 언제든지 실족하지 아니하리라 베드로후서 1:10

살아가면서 누구에게나 힘든 날이 있습니다. 그런데 놀라운 것은 시간이 지나면 그 일들을 웃으면서 이야기할 수 있고, 함께 나눌 수 있다는 사실입니다. '오늘의 나'는 그 모든 어려움을 이겨냈고, 또 부딪혀 돌파한 '나'라는 사실을 우리는 기억해야 합니다.

작가 이인이 쓴 《지혜의 바다에서 건져 올린 행복한 소금》이라는 책에 이런 내용이 있습니다.

"우리는 알고 있다. 아무리 힘든 날도 '참 힘든 시기였어. 하지만 잘 견뎌냈어' 하며 웃을 날이 찾아온다는 것을 말이다. 능숙한 선장은 폭풍을 만났을 때 폭풍에 반항하지 않으며 절망하지도 않는다. 항상 확고한 승산을 가지고 최후의 순간까지 전력을 다해서 활로를 열려고 한다. 여기에 인생의 고난을 돌파하는 비결이 있다."

폭풍 속에서 우리가 가져야 할 확고한 승산은 무엇입니까?

하나님입니다. 우리는 하나님 때문에 고난을 이겨낼 수 있었고, 승리할 수 있었습니다.

오늘 베드로 사도도 우리에게 권면하고 있습니다. 하나님 안에서 부르심과 택하심을 굳게 하면 실족하지 않습니다.

살면서 우리는 인생의 굽이굽이 마다 숱한 어려움을 만나게 됩니다. 하지만 반드시 이겨내고 웃으며 이야기할 날이 올 것입니다. 그러기 위해서 우리는 하나님 안에서 부르심과 택하심을 굳게 해야 합니다.

찬양_ 191장(내가 매일 기쁘게)

'할 수 없음' 묻어두기

여호와께서 다스리시니 스스로 권위를 입으셨도다. 여호와께서 능력의 옷을 입으시며 띠를 띠셨으므로 세계도 견고히 서서 흔들리지 아니하는도다 시편 93:1

  미국의 한 초등학교에서 교사가 학생들에게 종이를 나눠주며 '나는 (   )을(를) 할 수 없다'를 쓰도록 했습니다. 수업을 참관하던 사람들은 의아하게 여겼습니다.

교사와 학생들은 종이를 모아 상자에 넣어 운동장으로 나갔습니다. 그리고 땅을 파고 상자를 묻었습니다. 그런 후에 '나는 할 수 없다'를 위한 장례식을 치렀습니다. 그제야 수업을 참관했던 사람들은 교사의 의도를 알아차렸습니다.

시편 93편은 '금요일의 시'라는 별칭이 있습니다. 안식일을 앞두고 세상을 창조하신 하나님의 우주적인 주권을 찬양하는 시입니다. 그런데 이 시를 썼을 당시의 상황은 나라가 망하고, 성전은 무너졌으며, 백성은 포로 생활을 하던 때입니다. 자신이 살던 세계가 흔들리고 있었습니다. 하나님의 우주적인 주권을 찬양하고 예배하기에 어려운 현실입니다.

그런데 시인은 고백합니다. "하나님이 다스리는 세계는 흔들리지 않습니다." 어떻게 이런 고백을 드릴 수 있을까요? 시인은 현실이 아닌 하나님을 바라보았습니다. 세상의 왕이 다스리는 세계는 흔들릴 때도 있고 망할 때도 있지만, 하나님이 다스리는 세계는 견고히 서서 흔들리지 않습니다. 자신은 바로 그 하나님이 다스리는 나라의 백성이라는 사실을 깨달은 것입니다. 그래서 하나님을 예배하고 찬양할 수 없는 현실이지만, 그 상황을 이겨내고 온 우주를 다스리시는 하나님을 찬양하고 예배합니다. 할 수 없음을 묻어두고 할 수 있음으로 나아간 것입니다.

우리가 사는 세상은 흔들릴 수 있지만, 하나님이 다스리는 나라는 절대로 흔들리지 않습니다. 우리는 하나님이 다스리는 나라의 백성입니다. 그 사실을 깨달아 할 수 없음을 묻어두고 할 수 있음으로 나아가야 합니다.

찬양_ 그럼에도 불구하고

내어놓기

여호와여 나의 발이 미끄러진다고 말할 때에 주의 인자하심이 나를 붙드셨사오며, 내 속에 근심이 많을 때에 주의 위안이 내 영혼을 즐겁게 하시나이다 시편 94:18-19

시편 94편은 이스라엘의 역사적인 상황이 매우 어려울 때 쓴 시입니다. 미끄러진 인생 같고 근심된 일이 많았습니다. 시인이 얼마나 어렵고 힘들었는지 복수하시는 하나님을 부르짖으며 기도합니다.

원수를 사랑하라는 말씀에 익숙한 우리에게 복수하시는 하나님을 찾는 것은 낯선 일입니다. 하지만 시인은 자기 속에 있는 부정적인 감정을 숨기거나 억누르지 않고 하나님 앞에 내어놓습니다. 나의 어두운 마음에, 이 어두운 세상 가운데 하나님의 빛을 비추어 달라고 기도합니다.

우리에게도 시인과 같은 자세가 필요합니다. 절망 중에 생기는 부정적인 감정들을 그대로 쌓아놓으면 자신을 더욱 옭아맵니다. 하지만 하나님 앞에 내어놓았을 때 하나님께서는 우리의 마음에 빛을 비추어 주시고, 소망을 보게 하십니다. 미끄러진다고 말할 때 나를 붙드시는 하나님의 인자하심을 보게 하십니다. 걱정과 근심이 많을 때 내 영혼을 즐겁게 하는 하나님의 위로와 평안을 보게 하십니다.

시인은 하나님을 이렇게 고백합니다. "여호와는 나의 요새이시요 나의 하나님은 내가 피할 반석이시라." 우리 안에 부정적인 감정들이 있다면 하나님 앞에 내어놓아야 합니다. 내가 미끄러진다고 말할 때 붙드시는 하나님의 사랑을 기억해야 합니다. 근심이 많을 때 내 영혼을 즐겁게 만드는 하나님의 위안을 기대해야 합니다.

헬렌 켈러는 "세상은 고통으로 가득하지만, 그것을 극복하는 사람들로도 가득합니다"라고 했습니다. 요새이고 반석이신 하나님을 소망하며 오늘 하루도 능력 있게 살아봅시다.

찬양_ 365장(마음속에 근심 있는 사람)

아름다운 인생의 시

오라 우리가 여호와께 노래하며 우리의 구원의 반석을 향하여 즐거
이 외치자. 우리가 감사함으로 그 앞에 나아가며 시를 지어 즐거이 그
를 노래하자 시편 95:1-2

시편 95편은 이스라엘 백성이 예배드리기 위해 성전에
들어가기 전, 성전 뜰에서 불렀던 시입니다. 시인은 이스
라엘 백성을 향하여 "오라, 우리가 함께 하나님을 예배하러 가
자"고 합니다. 그는 하나님을 구원의 반석으로 표현합니다. 시인
이 하나님을 고백할 때는 그와 반대되는 상황이었습니다. 누군
가에게 쫓기고 있거나, 더는 피할 곳이 없을 때였습니다.

그의 삶과 터전이 반석 위에 있는 것 같지 않습니다. 이리저
리 흔들렸습니다. 그런데 하나님께서 그를 도우셨습니다. 반석
위에 세워주셨습니다. 더 이상 흔들리지 않게 되었습니다. 그에
게 하나님은 구원의 반석입니다. 인격적으로 하나님을 만난 것
입니다. 흔들렸던 시인의 삶은, 구원의 반석이신 하나님을 만남
으로 기쁘게 노래할 수 있는 '인생의 시'가 되었습니다.

그리고 이렇게 선포합니다. "우리가 감사함으로 그 앞에 나아

가며 시를 지어 즐거이 그를 노래하자."

우리도 흔들리는 삶을 살아갈 때가 있습니다. R. C. 스프로울은 말합니다. "우리가 안전한 것은 우리가 주님을 붙들어서가 아닙니다. 주님이 우리를 붙들고 계시기 때문입니다."

그렇습니다. 우리를 붙들고 계신 하나님을 인격적으로 만나고 고백하는 복 된 하루하루를 살아내기 바랍니다. 하나님을 만난 경험이 아름다운 '인생의 시'가 되어, 하나님께 감사하며 즐겁게 노래합시다.

찬양_ 나의 힘이 되신 여호와여

킹핀 되시는 하나님

새 노래로 여호와께 노래하라. 온 땅이여 여호와께 노래할지어다. 여
호와께 노래하여 그의 이름을 송축하며 그의 구원을 날마다 전파할
지어다 시편 96:1-2

캐나다 북부의 벌목공들은 베어낸 나무를 강가에 쌓아
두고 하류로 흘려보내는데, 강폭이 좁아지는 지점에서
나무들이 엉켜서 내려가지 않을 때가 있습니다. 이를 '로그잼log
jam'이라고 합니다. 이때 노련한 벌목공은 당황하지 않고 상황을
분석한 다음 수많은 통나무 중 딱 하나를 골라 큰 망치로 집중
가격합니다. 신기하게도 한 개의 통나무를 쳤을 뿐인데 나머지
통나무들까지 풀립니다. 그 하나의 통나무를 '킹핀king pin'이라
고 부릅니다.

시편 96편은 이스라엘 백성이 새해에 부른 노래입니다. 흔히
새해라고 하면 설레고, 희망이 가득하며 들뜬 분위기를 연상합
니다. 하지만 이 시가 집필되었을 당시, 이스라엘의 삶은 그런
분위기가 아니었습니다. 하나님이 멀리 계신다고 느꼈을 때입
니다. 온 나라가 암흑에 빠져 있고 세상의 폭군들과 그들의 힘에

가려져 하나님의 사랑이 보이지 않을 때입니다. 이런 시절에 하나님의 사람은 어떻게 새해를 맞이해야 할까요? 어떻게 새로운 날을 맞이해야 할까요?

시편 96편은 하나님의 사람이라면 새 노래로 하나님을 찬양해야 한다고 말합니다. 새 노래는 어떤 노래입니까? 하나님과 맺은 언약을 기억하고(과거), 지금도 계속되는 하나님의 통치를 인정하며(현재), 앞으로 하나님의 약속이 실현될 것을 소망(미래)하면서 부른 노래입니다. 새 노래는 하나님만이 과거, 현재, 미래의 주인이며 만물의 왕이심을 인정하고 고백하는 노래입니다.

이스라엘은 로그잼과 같은 현실 속에서 새 노래를 부르며, 킹 핀이 되는 하나님을 찾았습니다. 우리의 삶이 로그잼처럼 복잡하게 얽혀 있지만, 이 모든 것을 풀리게 하는 킹 핀은 하나님이십니다. 킹 핀 되시는 하나님을 붙잡고 새 노래로 하나님을 찬양하면 승리할 것입니다.

찬양_ 79장(주 하나님 지으신 모든 세계)

예수님을 바라보는 사람들

함께 십자가에 못 박힌 강도들도 이와 같이 욕하더라 마태복음 27:44

 예수님께서 십자가의 길을 걸으셨을 때, 그분을 바라보는 사람들의 모습은 크게 세 부류입니다.

첫째, 고개를 흔들며 지나갑니다. 머리를 흔드는 것은 상대방을 모욕하는 유대교적 몸짓입니다. 지나가는 사람들은 예수님을 통해 이루어질 하나님의 계획을 몰랐습니다. 그래서 예수님을 바라보며 머리를 흔들고 모욕하며 지나갔습니다.

둘째, 무엇을 하면 믿겠다는 반응입니다. 네가 정말 하나님의 아들이면 십자가에서 내려와라. 그러면 믿겠다. 하지만 그들은 그렇게 해도 믿지 않았을 것입니다. 이미 수많은 기적을 보았지만 예수님을 믿지 않았습니다.

셋째, 욕을 합니다. 욕을 한 사람은 다름 아닌 함께 십자가에 못 박힌 강도였습니다. 함께 고난 받는 이, 함께 억울한 이가 욕을 합니다. 강도는 십자가를 지고 싶은 마음이 조금도 없습니다. 죽어 마땅한 죄를 지었는데도 억울하다며 아무 죄도 없는 예수님을 욕합니다.

우리는 어떤 모습으로 예수님을 바라봅니까? 주님의 뜻을 몰라 고개를 흔드는 모습입니까? 조건을 내걸고 주님을 시험하는 모습입니까? 아니면 십자가를 짊어진 것이 억울해 주님을 욕하는 모습입니까?

예수님은 우리를 위해 이 모든 시선을 견디셨습니다. 예수님을 따르는 우리도 우리를 향한 시선을 견디고 십자가의 길을 걸어야 합니다.

파울로 코엘료의 책《브리다》에 이런 글이 나옵니다. "어떤 길들은 계속 따라가고, 다른 길들은 포기해야 했다. 하지만 최악은 그것이 아니었다. 제일 나쁜 것은 자신이 그 길을 제대로 선택했는지 평생 의심하며 그 길을 가는 것이었다."

우리가 선택한 길은 예수님께서 걸어가신 길입니다. 의심 없이, 흔들림 없이 꿋꿋하게 예수님께서 걸어가신 길을 끝까지 따라갑시다.

찬양_ 461장(십자가를 질 수 있나)

심판의 날을 기뻐하라

여호와여 시온이 주의 심판을 듣고 기뻐하며 유다의 딸들이 즐거워
하였나이다 시편 97:8

'심판자 하나님', '심판의 날' 하면 대부분의 사람은 두려
움을 느낍니다. 모든 것을 정확하게 아시는 하나님 앞에
서 심판 받는다는 것은 정말 두려운 일입니다. 그런데 시편 97편
8절에서는 하나님께서 심판하신다는 소식이 들리자 기뻐하며
즐거워했다고 말합니다. 그냥 기뻐한 것이 아니라, '이 기쁨을
거부할 수 없어 감정이 복받칠 정도'로 즐거워합니다.

심판의 날을 기다리고 즐거워할 수 있는 사람들은 어떤 사람
들일까요? 바로 하나님을 사랑하고 악을 미워하는 자들입니다.
그런 사람들은 심판의 날에도 두려워하지 않고, 하나님 앞에서
기뻐하고 즐거워할 수 있습니다.

그렇다면 우리는 어떻습니까? 우리는 죄가 너무 많고 큽니다.
심판에 날에 기뻐할 수 없는 자들입니다. 하지만 성경은 우리에
게 말합니다. "이르되 주 예수를 믿으라 그리하면 너와 네 집이
구원을 받으리라"(행 16:31). "하나님이 세상을 이처럼 사랑하사

독생자를 주셨으니 이는 그를 믿는 자마다 멸망하지 않고 영생을 얻게 하려 하심이라"(요 3:16).

우리는 심판의 날에 기뻐할 수 없는 죄인이었지만, 예수님께서 우리를 구원해 주셨습니다. 그렇기 때문에 이제 우리는 심판의 날에 기뻐하고 즐거워할 수 있게 되었습니다. 우리의 모습이나 자격 때문이 아닙니다. 오직 예수님의 은혜 때문입니다.

예수님의 은혜를 입은 우리는 더욱 하나님을 사랑하고 악을 미워함으로, 하나님의 백성답게 살아가야 합니다. 그래서 심판의 날을 기쁘고 즐거움으로 기다릴 수 있는 우리 모두가 되어야 할 것입니다.

찬양_ 180장(하나님의 나팔소리)

영혼의 환호성

기쁨으로 여호와를 섬기며 노래하면서 그의 앞에 나아갈지어다

시편 100:2

시편 100편은 하나님의 다스리심을 찬양하는 신정시입니다. 이 시는 하나님께 예배하러 나아갈 때 부른 찬송입니다. 하나님의 다스림을 인정하는 사람들, 하나님께로 나아가는 사람들이 부를 수 있는 찬양의 결론은 '감사'입니다. 그래서 시편 100편은 '감사의 시'라는 표제어가 붙어 있습니다.

사는 것이 고달프고 어렵지만, 이스라엘 백성은 하나님의 통치하심을 기대하며 감사함으로 찬양했습니다. 그들은 단순히 아름다운 멜로디에 맞춰서 하나님을 찬양한 것이 아닙니다. 오늘 말씀에 나오는 '노래하다'는 기쁠 때 부르짖는 환호성입니다. 전쟁에서 승리한 왕이 개선 행진을 할 때 백성이 외치는 환호성 같은 것입니다.

이스라엘 백성의 현실은 환호성을 지를 수 있는 상황이 아닙니다. 하지만 그들은 예배의 자리로 나아갈 때, 시편 100편을 노래하며 환호성을 질렀습니다. 하나님을 섬기고 예배하는 것, 하

나님의 통치하심을 받는 것이 이스라엘 백성에게는 환호성을 지를 만큼 기쁘고 즐거운 일입니다. 그날이 속히 올 것을 기대하며 예배의 자리로 나아갔습니다.

우리의 삶도 이스라엘 백성이 처한 현실과 비슷할 때가 있습니다. 환호성 지를 일이 없습니다. 하지만 하나님을 섬기는 우리는, 하나님의 통치하심을 받는 우리는, 이스라엘 백성과 같이 하나님께 감사하며 영혼의 환호성을 질러야 합니다. 우리가 울리는 영혼의 환호성이 이 땅의 어려움을 몰아내고 회복시키는 하나님의 역사를 부르는 통로가 되기 때문입니다.

찬양_ 감사함으로

지킬 수 없는 약속도

내가 완전한 길을 주목하오리니 주께서 어느 때나 내게 임하시겠나
이까? 내가 완전한 마음으로 내 집 안에서 행하리이다 시편 101:2

이스라엘의 왕은 즉위할 때, 이 시편을 찬양하면서 어떤
마음으로 통치할 것인지, 나라는 어떤 모습일지를 하나
님 앞에 선포하며 다짐했습니다. 이 선포를 듣는 백성들 또한 왕
과 같은 마음으로 노래했습니다.

그런데 시를 살펴보면, 연약한 우리가 지킬 수 없는 실현 불
가능한 고백들을 하나님 앞에 합니다. 우리는 하나님 앞에 온전
히 서고 싶은 마음이 간절합니다. 그 마음이 아무리 간절해도 완
전한 길을 주목하면서, 완전한 마음으로 평생을 살아갈 수는 없
습니다.

이스라엘 왕이, 그 백성이 시편 101편을 노래할 때 하나님은
이 노래를 들으면서 어떤 생각을 하셨을까요? '지키지도 못할
약속을 왜 노래로 부르니, 다 지킬 수는 있니'라고 하셨을까요?
아닙니다. 지킬 수 없는 약속을 노래했을지라도 하나님은 기뻐
하셨을 것입니다.

어느 날 둘째 딸이 결혼이 뭐냐고 물었습니다. 그래서 좋아하고 사랑하는 사람과 같이 사는 것이라고 말했습니다. 그럼 자기는 아빠랑 결혼하겠다고 했습니다. 제 딸의 약속은 지킬 수 있는 것입니까, 지킬 수 없는 것입니까?

지킬 수 없는 약속입니다. 하지만 제 마음은 기뻤습니다. 그때만큼은 그 말이 진심이기 때문입니다. 이 약속을 지킬 수 없다는 것을 알지만, 딸의 진심을 알기에 기뻤습니다. 이렇듯 지키지 못할 사랑의 고백도 아름다울 수 있습니다.

우리는 신앙생활을 하면서 하나님께 대단한 사랑 고백을 할 때가 있습니다. 그때만큼은 진심이었습니다. 그 고백을 온전히 지키지 못했지만, 하나님은 분명 우리의 고백을 받으시고 기뻐하셨을 것입니다. 비록 온전히 지킬 수 없는 고백일지라도 그 고백이 쌓이고 쌓이면, 더 나은 주님의 자녀가 될 것입니다.

찬양_ 그 사랑 얼마나

반쪽 믿음과 온전한 믿음

하나님께 속한 자는 하나님의 말씀을 듣나니 너희가 듣지 아니함은
하나님께 속하지 아니하였음이로다 요한복음 8:47

 《심청전》을 읽을 때 드는 의문이 있습니다. 왜 심청이
는 왕비가 되어서 맹인들을 위한 잔치를 베풀었을까요?
목숨을 버리면서까지 공양미 3백 석을 바쳤으면, 아버지가 눈
을 뜰 것이라는 믿음이 있었을 것입니다. 그 믿음대로라면 아버
지를 만나기 위해 베풀어야 하는 잔치는 '맹인이었다가 눈을 뜬
사람'들을 위한 잔치여야 합니다. 심청이는 반쪽짜리 믿음을 가
진 것 같습니다.

우리의 믿음이 심청이와 같을 때가 있습니다. 하나님께 맡겼
다고 하면서, 하나님을 의지한다고 하면서 그와는 반대되는 행
동을 할 때가 있습니다. 하나님을 믿기는 하지만, 믿음대로 살지
않을 때가 있습니다. 하나님께 기도는 했지만, 그것이 이루어진
다는 것을 믿지 못할 때가 있습니다.

하나님을 온전히 의지하고 믿어야 합니다. 예수님은 자신을
믿지 않는 유대인들을 향해 이렇게 말씀하십니다. "하나님께 속

한 자는 하나님의 말씀을 믿는다. 너희가 나를 믿지 못함은 하나님께 속하지 않았기 때문이다." 이보다 조금 앞서서 예수님은 "너희의 아버지는 마귀고, 내 아버지는 신실하신 하나님이다"라고까지 말씀하십니다.

하나님을 아버지로 모시고, 하나님께 속한 사람은 예수님을 믿고 살아갑니다. 온전한 믿음을 가지고 살아갈 수 있습니다. 우리의 아버지는 누구입니까? 신실하신 하나님입니다. 또한 우리는 신실하신 하나님께 속한 자들입니다. 우리는 심청이처럼 반쪽짜리 믿음이 아니라, 온전한 믿음을 가지고 그 믿음에 합당한 삶을 살아내야 합니다. 우리의 믿음을 굳건히 지키고, 그 믿음에 합당한 삶을 살아내어, 믿음내로 이루어지는 하나님의 은혜를 풍성히 누려야 합니다.

찬양_ 오직 믿음으로

다시 시작하다

대답하되 주여 없나이다. 예수께서 이르시되 나도 너를 정죄하지 아니하노니 가서 다시는 죄를 범하지 말라 하시니라 요한복음 8:11

간음하다 현장에서 붙잡힌 여인이 예수님 앞에 끌려 왔습니다. 서기관과 바리새인들은 이 여인을 두고 어떻게 판결해야 하는지 예수님께 묻습니다.

예수님은 "너희 중에 죄 없는 자가 먼저 돌로 치라"고 말씀하셨습니다. 이에 뭇 사람들은 들었던 돌을 내려놓고 하나둘 조용히 사라졌고 여인과 예수님만 남았습니다.

예수님이 말씀하십니다. "나도 너를 정죄하지 아니하노니 가서 다시는 죄를 범하지 말라."

이 여인이 구체적으로 어떤 인물인지 우리는 알 수 없습니다. 가정이 있는 여인인지, 몸을 팔아서 생계를 유지해야 하는 여인인지는 알 수 없지만, 사람들에 의해 현장에서 붙잡힐 때 그녀는 자신의 인생에 대해 '막장이다. 끝났다'라고 생각했을 것입니다. 하지만 예수님을 만났을 때 그녀는 '다시' 시작할 수 있었습니다. 제2의 인생을 살게 된 것입니다. 그녀에게도 다른 사람과 마찬가지로 '다시' 시작할 수 있는 기회가 생겼습니다. 예수님은 그것을 여인에게 가르쳐 주셨습니다. "가서 너의 인생을 다시 시작해라."

예수님이 함께하시면 우리의 인생에 끝은 없습니다. 언제든 예수님과 함께 다시 시작할 수 있습니다. 하지만 '다시 시작함' 이 '새로운 기회'가 되기 위해서는 우리의 아픈 과거를 이겨내야 합니다. 회개해야 합니다. 우리의 '다시 시작함'을 응원하시는 주님을 바라보며, '새로운 기회'로 만들어가야 합니다. 그 기회를 절대 놓쳐서는 안 될 것입니다.

찬양_ 다시 복음 앞에

인자하심의 은혜

여호와의 인자하심은 자기를 경외하는 자에게 영원부터 영원까지 이
르며, 그의 의는 자손의 자손에게 이르리니 시편 103:17

우리는 찬송가 '찬양하라 내 영혼아(621장)', 복음성가 '내 평생 가는 동안'에서 시편 103편의 흔적을 찾을 수 있습니다. 이 시의 저자는 다윗입니다. 다윗이 언제 지었는지 구체적인 배경은 알 수 없지만, 성경학자들은 하나님의 뜻을 저버리고 많은 어려움을 겪은 통치 후반기에 지었을 것으로 추측합니다.

다윗은 인생의 위기를 극복하기 위해, 또 자신이 저지른 죄를 용서 받기 위해 하나님의 인자하심을 바라며 찬양했습니다.

하나님은 누구에게 인자를 베푸십니까? 하나님은 자기를 경외하는 자, 곧 하나님의 언약을 지키고, 그 말씀을 기억하여 행하는 자에게 영원부터 영원까지 인자를 베푸십니다. 다윗은 하나님을 경외하며 살아가겠다고 다짐하고, 하나님의 인자하심을 경험했으며, 지금 기쁜 마음으로 하나님을 송축합니다.

후에 이 시편은 이스라엘 백성이 바벨론 포로 생활을 할 때

불리게 됩니다. 자신들의 처지가 다윗과 비슷했기 때문입니다. 그들의 유일한 소망은 하나님의 인자하심에 있었습니다. 그래서 다윗에게 베푸신 하나님의 인자하심이 하나님에 대한 경외를 다짐하는 자신들의 삶에도 임하기를 소망하며 이 시편을 노래했습니다.

하나님의 인자하심은 우리에게도 절실히 필요합니다. 우리는 하나님 앞에 죄인이고, 위기와 고난 가운데 있기 때문입니다. 하나님은 그분을 경외하는 자들에게 인자하심을 베푸십니다. 하나님의 말씀을 기억하고 행하는 삶을 살아내어 하나님의 인자하심을 기대하고 기도합시다.

찬양_ 내 평생 사는 동안

하나님의 섭리

여호와의 영광이 영원히 계속할지며, 여호와는 자신께서 행하시는 일들로 말미암아 즐거워하시리로다 시편 104:31

시편 104편은 하나님께서 천지를 창조하실 때 베푸신 하나님의 인자하심을 찬양합니다. 시인은 하늘에 대한 것, 땅에 대한 것, 땅 위의 생명체들, 달과 해, 바다에 대한 것들을 이야기하면서 그 안에 깃든 하나님의 인자하심을 노래합니다.

하나님은 세상을 창조하시고 만물을 먹이시며 돌보셨고 귀하게 여기셨습니다. 이 시에서는 그런 하나님의 섬세한 손길이 느껴집니다. 섬세한 손길, 곧 하나님의 인자하심이 깃든 창조 세계는 생명이 가득했습니다. 그것이 하나님께 기쁨이 되었습니다.

그렇다면 바벨론에 포로로 잡혀 온 이스라엘 백성은 왜 104편을 묵상하고 노래했을까요? 그들의 삶은 온통 답답하고 힘든 일뿐이고, 하나님이 계시는지 안 계시는지 알 수 없었습니다. 도무지 감사할 일이 없는 삶이었습니다. 생명을 잃은 것 같았습니다.

하지만 그런 삶 가운데에서도 여전히 하나님의 창조 세계는 그분의 섭리대로 생명을 가지고 살아가며 하나님의 기쁨이 되고 있습니다. 지금 어떤 환경과 현실에 처해 있든 이 모든 일은 하나님의 섭리 안에서 진행되고 있으며, 생명으로 나아가고 있음을 믿게 된 것입니다.

우리에게도 하나님의 섭리를 믿는 믿음이 필요합니다. 하나님의 섭리는 우리의 생명을 구원하기 위한 계획이며, 우리를 지키시고 복 주시기 위함입니다. A. W. 토저 목사는 이렇게 말했습니다. "현재 상황이 통제 불능인 것처럼 보이지만, 모든 것 뒤에서 자신의 권위를 포기하지 않으시는 하나님이 계십니다." 이 믿음을 가지고 하나님의 섭리 안에서 하나님께 즐거움과 기쁨을 줄 수 있는 삶을 살아갑시다.

찬양_ 위대하신 주

신실하신 하나님

여호와께 감사하고 그의 이름을 불러 아뢰며 그가 하는 일을 만민 중
에 알게 할지어다. 그에게 노래하며 그를 찬양하며 그의 모든 기이한
일들을 말할지어다 시편 105:1-2

 시인은 하나님의 신실하심을 강조합니다. 특별히 하나님
의 신실하심이 이스라엘의 역사 속에 어떻게 드러났는
지를 밝힙니다. 아브라함 때부터 가나안에 들어가기까지 자신들
의 역사를 하나하나 살펴보면서 하나님이 도우셨던 일들을 떠
올립니다.

시인이 보기에 이스라엘의 역사는 하나님께서 언약을 얼마나
신실하게 행하셨는지를 보여 주는 증거였습니다. 유목민이었던
족장들을 이리저리 인도하며 살게 하신 하나님, 요셉이 이집트
에서 총리가 되기까지 인도하신 하나님, 이집트에 내린 열 가지
재앙과 이스라엘을 이집트에서 구원하신 하나님, 광야에서 베푸
신 하나님의 놀라운 기적, 마침내 가나안 땅에 들어가 언약을 이
루신 하나님을 쉴 새 없이 이야기합니다.

이 모든 이야기를 통해 시인은 하나님께서 언약을 맺으신 후

에 그것을 이루기까지 얼마나 신실하셨는지를 고백합니다. 그 래서 그는 하나님을 찬양할 수밖에 없었고, 말할 수밖에 없었습니다.

2절에 나오는 '말할지어다'는 말하지 않고는 견딜 수 없는 상태를 표현한 것입니다. 내가 너무 잘 알고 있어서, 확신에 가득 차서, 먼저 나서서 말하고 싶은 마음이 담겨 있습니다. 시인은 그런 마음으로 자신들의 역사 속에 드러난 하나님의 신실하심을 말하고 있습니다.

이스라엘의 역사뿐만 아니라, 우리의 삶을 돌아보아도 하나님은 늘 신실하셨습니다. 신실하신 하나님은 우리의 어려운 현실 속에서도 그분의 언약을 이루기 위해 일하고 계십니다. 그 하나님을 붙잡고 날마다 하나님의 신실하심을 경험합시다. 나아가 그런 하나님을 말할 수 있고, 증언할 수 있는 주님의 자녀들이 됩시다.

찬양_ 오 신실하신 주

채워지지 않는 은혜

그러므로 여호와께서는 그들이 요구한 것을 그들에게 주셨을지라도
그들의 영혼은 쇠약하게 하셨도다 시편 106:15

 이스라엘 백성은 역사 속에서 보여 주신 하나님의 신실
하심에도 불구하고 하나님을 잊고 언약을 제대로 지키
지 못한 자신들의 죄를 쉴 새 없이 고백합니다. 죄에 대한 고백
과 회개가 있어야 하나님의 새로운 회복을 소망할 수 있습니다.

하나님께서는 광야에서 이스라엘 백성이 요구한 모든 것을
주셨습니다. 목이 마르다고 하면 물을 주셨고, 먹을 양식을 달라
고 하면 만나를 내려 주셨습니다. 심지어 고기가 먹고 싶다는 그
들에게 메추라기를 원 없이 먹도록 해주셨습니다.

그렇게 자신들의 필요가 채워졌으면, 하나님께 감사함으로
나아가야 했습니다. 그런데 오히려 그들의 영혼은 쇠약해졌습니
다. 히브리어로 살펴보면 '영혼이 메말라갔다'라고 표현합니다.

이스라엘 백성은 필요가 채워지면 채워질수록 하나님을 내
마음대로, 내 필요에 따라 조종할 수 있는 분으로 여겼던 것입니
다. 결국 그들은 하나님을 송아지 형상으로 만들어 숭배하는 죄

까지 저지르게 됩니다.

때때로 우리의 삶에 필요한 것들이 다 채워지지 않는 것도 하나님의 은혜인 것 같습니다. 부족한 그것으로 인해 하나님을 더욱 붙들고 의지하며 나아갈 수 있기 때문입니다. 그럴수록 우리의 영혼은 더욱 건강해질 것입니다.

살아가는 데 필요한 것들이 참 많고, 우리는 늘 결핍을 느낍니다. 하지만 우리의 필요가 조금 덜 채워져도 하나님을 붙잡음으로 영혼은 더욱 건강해지는 은혜를 늘 경험해야 합니다.

찬양_ 모든 상황 속에서

슬픔이 가득 찰 때

주께서 과부를 보시고 불쌍히 여기사 울지 말라 하시고 누가복음 7:13

 '나인'은 즐겁고 유쾌하다는 뜻입니다. 예수님과 그분을 따르는 수많은 무리가 유쾌한 도시, 즐거운 성 나인에 도착했습니다. 이미 예수님의 놀라운 기적을 경험한 무리는 기쁨과 감격에 들떠서 성문 가까이에 이르렀을 것입니다.

그런데 이 유쾌한 도시, 즐거운 성에 도착하자마자 그들이 본것은 장례 행렬입니다. 나인성에 사는 과부의 유일한 아들이 죽은 것입니다. 안타까운 사정을 아는 모든 이들이 과부와 함께 슬퍼했습니다. 기쁨의 성에 들어서자마자 그들이 마주한 것은 슬픔의 광경입니다.

하지만 그곳에는 예수님이 계셨습니다. 예수님은 슬픔을 기쁨으로 바꾸어주십니다. 과부를 불쌍히 여기셔서 그의 아들을 살려주셨습니다. 이제 나인성에는 다시 기쁨이 가득 차기 시작합니다. 예수님이 오시기 전, 나인성(기쁨의 성)은 슬픔으로 가득 차 있었습니다. 하지만 예수님이 도착하시고, 예수님이 함께하시자 진정한 기쁨이 찾아왔습니다. 오직 예수님만이 우리에게 진정한 기쁨을 주십니다.

우리의 삶에도 슬픔이 가득 찰 때가 있습니다. 아들을 잃은 과부의 심정일 때가 있습니다. 마땅히 기쁨이 있어야 할 자리에 슬픔이 올 때가 있습니다. 우리의 가정과 직장, 학교 그리고 교회에 슬픔이 가득 찰 때가 있습니다. 하지만 예수님이 함께하시면 우리의 모든 슬픔을 친히 기쁨으로 바꾸실 것입니다. 우리가 손 쓸 수 없는 슬픔도 예수님의 손에 맡기면 진정한 기쁨으로 변할 것입니다.《천로역정》의 작가 존 번연은 이런 말을 했습니다. "믿음은 우리가 축 처져 있을 때 우리를 일으켜 준다."

삶에 슬픔이 가득하다면 예수님을 초청하시기 바랍니다. 예수님께서는 친히 여러분의 초청에 응답하시고, 슬픔을 능히 기쁨으로 바꾸어 주실 것입니다.

찬양_ 나의 슬픔을 주가 기쁨으로

익숙한 예배, 온전한 예배

만군의 여호와가 이르노라. 너희가 내 제단 위에 헛되이 불사르지 못하게 하기 위하여 너희 중에 성전 문을 닫을 자가 있었으면 좋겠도다. 내가 너희를 기뻐하지 아니하며 너희가 손으로 드리는 것을 받지도 아니하리라 말라기 1:10

 '익숙하다'는 표현은 좋은 뜻으로 사용할 때가 많습니다. 익숙하다는 것은 어떤 상황이 벌어졌을 때, 쉽게 그 일에 대처할 수 있는 능력이 되기도 합니다. 또 우리는 새로운 환경에 적응해 나갈 때 빨리 익숙해지기를 바라기도 합니다.

그런데 익숙해지면 습관이 되고, 습관이 되면 형식적이게 됩니다. 말라기 선지자가 활동하던 시대는 이스라엘 백성이 포로에서 해방되고 무너진 성전을 다시 쌓은 뒤에 조금은 편하게 살던 때입니다.

처음에는 성전을 쌓기 위해서, 하나님께 예배만 드릴 수 있다면 정말 좋겠다고 말하던 이스라엘 백성이었습니다. 하나님에 대한 열정이 대단했습니다. 그런데 힘든 일들이 다 지나가자 마음이 변합니다. 간절했던 예배가 이제는 익숙해졌고 형식적이 되었습니다.

그들은 하나님께 제사를 드릴 때, 눈이 멀고 병들고 다리 저는 짐승과 썩은 과일을 드렸습니다. 그뿐만 아니라, 율법에 따라 드리는 제사가 복잡하고 번거롭다는 이유로 자기 편리한 대로 드렸습니다. 이런 이스라엘 백성을 향해 하나님은 차라리 성전 문을 닫아버렸으면 좋겠다고 말씀하십니다. 하나님께서는 마음으로 드리지 않고 형식적으로 제사 드리는 이스라엘 백성에게 화가 났습니다.

혹시 우리도 이들처럼 예배에 익숙해 있지는 않은지 생각해 봐야 합니다. 다시 주님 앞에 온전히 새롭게 서야 합니다. 어느 곳에서든 하나님을 경외하며 살아가는 삶의 예배자가 되어야 합니다. 하나님께서 간절히 찾으시는 예배자, 일상에서도 하나님을 경외하며 살아가는 예배자의 삶을 살아갑시다.

찬양_ 나는 하나님을 예배하는

가난하고 궁핍할 때

궁핍한 자가 항상 잊어버림을 당하지 아니함이여, 가난한 자들이 영원히 실망하지 아니하리로다 시편 9:18

하나님의 말씀은 처한 환경에 따라 느끼는 깊이가 다릅니다. 만약 경제적으로 영적으로 마음이 가난하고 궁핍하면, 시편 9편은 새롭게 다가올 것입니다. 시편 9편은 다윗이 가난하고 궁핍한 처지에서 구원 받은 후에 감사하며 지은 찬양시입니다.

다윗은 인생에서 가난하고 궁핍한 처지에 놓인 적이 많았습니다. 그래서 누구보다도 가난하고 궁핍한 사람의 심정을 잘 이해했습니다.

가난하고 궁핍한 사람은 이웃에게 잊히거나 실망하는 자리에 앉게 됩니다. 다윗이 형통하고 힘이 있고 권세가 있을 때는 사람들이 그를 기억했습니다. 실망하지 않도록 도왔습니다. 하지만 가난하고 궁핍한 처지에 있을 때는 다윗을 잊었고, 다윗의 기대를 실망으로 바꾸었습니다.

그럴 때마다 다윗은 하나님의 약속을 기억했습니다. 하나님께 소망을 두었습니다. 하나님은 가난하고 궁핍한 사람을 잊지 않으시며, 영원히 실망시키지 않으십니다.

오늘 말씀은 강한 부정을 사용하면서, 결단코 그들이 잊어버림을 당하지 않으며, 절대로 실망하지 않을 것이라고 강조합니다. 하나님은 가난하고 궁핍한 사람의 하나님이기 때문입니다.

우리도 다윗처럼 가난하고 궁핍한 처지에 놓일 때가 있습니다. 잊혀지고 실망할 때가 있습니다. 그러나 하나님은 절대 우리를 잊지 않습니다. 절대로 우리를 실망시키지 않습니다. 이런 신실하신 하나님께 소망을 두고 또 소망하며 살아가야 합니다.

찬양_ 마음이 상한 자를

인생에게 행하신 기적

여호와의 인자하심과 인생에게 행하신 기적으로 말미암아 그를 찬송할지로다 시편 107:8

구원 받은 사람의 마음은 감사와 찬양이 넘쳐날 것입니다. 시편 107편은 구원 받은 사람들이 부르는 찬양입니다. '할렐루야'라고 부르짖으며 하나님을 찬양합니다. 그리고 하나님의 구원을 받은 모든 백성을 모이게 합니다. 구원 받은 이들은 모두 감사의 자리로 나와 하나님을 찬양하라는 것입니다. 여기에 모인 이들은 참으로 다양합니다.

광야에서 길을 잃고 방황한 이도 있고, 주리고 목이 말라 피곤한 이도 있습니다. 흑암과 사망의 그늘에서 쇠사슬에 매였던 이도, 항해 중에 폭풍을 만난 이도 있습니다. 그들은 모두 자신이 처한 상황에서 무기력했습니다. 아무것도 할 수 없었습니다.

그래서 그들은 고통 중에 하나님께 부르짖었습니다. 하나님은 그들의 부르짖음을 들으시고 구원을 베풀어주셨습니다. 그들은 고백합니다. "여호와의 인자하심과 인생에게 행하신 기적으로 말미암아 그를 찬송할지로다."

시편 107편은 이러한 패턴을 네 번이나 반복합니다. 이스라엘의 역사 속에, 각 개인의 삶 속에 구원을 베푸셨던 하나님을 기억하고 찬송하자는 시인의 요청입니다.

우리의 삶에도 손쓸 방법이 없는 무기력한 상황이 생길 수 있습니다. 그럴 때 내 인생에 구원을 베푸신 하나님을 기억해야 합니다. 우리가 하나님께 소망을 두고 부르짖을 때, 하나님은 우리의 부르짖음을 들으시고 또다시 구원을 베풀어 주십니다. 여호와의 인자하심과 인생에게 행하신 기적으로 말미암아 하나님께 감사하고 찬송하는 우리가 되어야 합니다.

찬양_ 429장(세상 모든 풍파 너를 흔들어)

방주에서의 삶

믿음으로 노아는 아직 보이지 않는 일에 경고하심을 받아 경외함으로 방주를 준비하여 그 집을 구원하였으니, 이로 말미암아 세상을 정죄하고 믿음을 따르는 의의 상속자가 되었느니라 히브리서 11:7

하나님은 사람들의 마음과 생각의 모든 계획이 악한 것을 보시고 심판을 예고하십니다. 그리고 노아에게는 방주를 짓게 하여 심판을 피하게 하십니다. 드디어 홍수 심판이 내려지고, 노아는 40일 동안 방주 안에서 홍수가 끝나기를 기다립니다. 노아 가족이 보낸 방주 안에서의 40일은 어떤 삶이었을까요? 방주가 아무리 크고 튼튼해도 그 안에서 40일을 견디기는 쉽지 않았을 것입니다. 노아 가족은 비바람이 몰아치는 폭풍우 속에서, 방주를 덮치는 큰 파도 속에서 이리저리 넘어지며 40일을 보냈을 것입니다.

우리도 살면서 노아처럼 비바람이 몰아치는 가운데 40일을 보내야 할 때가 있습니다. 하나님(방주) 안에 거하며 살아가려고 노력하지만, 몰아치는 비바람을 견뎌내기란 쉬운 일이 아닙니다. 그럼에도 불구하고 우리는 하나님을 끝까지 신뢰해야 합니다. 노아는 하나님께서 하신 약속의 말씀을 끝까지 붙잡았습니다. 믿음을 따르는 의의 상속자가 되었습니다.

드디어 40일간의 방주 생활을 마쳤을 때, 하늘에는 하나님께서 약속하신 무지개가 떠올랐습니다. 그 무지개를 바라보며 노아는 비바람 가운데서 돌보신 하나님을 기억했고, 감사의 제사를 드렸습니다.

방주에서의 생활은 비바람이 몰아치는 고단한 삶입니다, 하지만 하나님은 그 안에서 여전히 우리를 돌보시며, 우리와 함께 비바람을 맞고 계십니다. 그 하나님을 신뢰해야 합니다. 믿음을 따르는 의의 상속자가 되어야 합니다. 무엇보다 하나님께서 준비하신 무지개를 바라보아야 합니다. 하나님을 끝까지 신뢰하며 따르는 우리의 삶에 비바람이 그치고 무지개가 뜨는 날이 분명히 올 것입니다.

찬양_ 주님은 신실하고

어둠을 깨트리는 믿음

하나님이여! 내 마음을 정하였사오니 내가 노래하며 나의 마음을 다하여 찬양하리로다 시편 108:1

시편 108편은 시편 57편과 60편이 부분적으로 합쳐진 시입니다. 각각의 시편은 다윗이 매우 힘들었던 시기에 썼습니다. 57편은 사울 왕에게 쫓겨서 숨은 동굴에서 지은 시입니다. 60편은 승패를 예측할 수 없었던 에돔과의 전쟁 중에 지은 시입니다.

다윗에게 인생의 고난과 위기의 순간이었고, 어느 곳을 둘러보아도 해결책이 보이지 않았던 시기였습니다. 다윗은 낙심과 절망에 빠지지 않고, 오히려 하나님을 찬양하며 그의 마음을 하나님께로 정하겠다고 고백합니다.

이러한 다윗의 고백은 어둠을 깨트리는 믿음입니다. 다윗은 앞이 캄캄한 상황에서 하나님을 향해 기도하면서 자신의 마음을 하나님께로 정하였습니다. 그리고 비파와 수금을 깨워 찬양하겠다고 고백합니다. 새벽을 깨우겠다고 합니다. 이 표현은 그저 가만히 앉아서 하나님의 구원만 바라보고 있겠다는 것이 아닙니다. 하나님 구원의 역사를 끌어내기 위한 다윗의 적극적인 의지의 표현입니다. 어둠을 깨트리고, 새벽을 깨우고 싶을 정도로 그 시간을 앞당겨 하나님의 임재를 경험하고 싶다는 다윗의 마음입니다.

우리에게도 다윗처럼 어둠을 깨트리는 믿음이 필요합니다. 우리의 마음을 하나님께로 정하고 새벽을 깨우는 마음으로, 적극적인 마음으로 하나님의 임재를 구해야 합니다. 어둠을 깨트리는 믿음으로 이 세상에 구원의 빛을 비추기 위해 기도의 삶, 사랑의 삶을 살아가야 할 것입니다.

찬양_ 내가 너를 도우리라

칼을 칼집에 넣어라

이에 예수께서 이르시되 네 칼을 도로 칼집에 꽂으라. 칼을 가지는 자는 다 칼로 망하느니라 마태복음 26:52

 예수님의 십자가 사건은 겉으로 보기에는 힘과 폭력이 승리한 것처럼 보입니다. 예수님이 십자가에 못 박히셨을 때, 고난을 겪고 돌아가셨을 때만 해도 그렇게 보였습니다. 힘과 폭력이 동원되면 무엇이든 가능해 보였습니다.

예수님을 십자가에 못 박으려던 무리는 처음부터 힘과 폭력을 사용했습니다. 예수님이 잡히시던 밤, 그들은 칼과 몽치를 들고 예수님 일행에게 다가왔습니다. 이에 베드로도 힘과 폭력을 행사하는 그들에게 맞서기 위해 칼을 빼들었습니다.

예수님은 "네 칼을 도로 칼집에 꽂으라"고 단호하게 말씀하십니다. 칼을 가지는 자는 다 칼로 망한다고 경고하십니다. 예수님은 힘과 폭력으로 맞서지 않았습니다. 그들이 이기게 내버려 두었습니다. 그리고 이 땅에 평화의 씨앗을 뿌리기 위해 폭력이 아닌 십자가의 죽음을 선택하셨습니다. 이후에 찾아올 더 큰 승리를 위해 예수님은 칼을 칼집에 꽂으셨습니다.

혹시 우리 손에도 칼이 들려 있지는 않은지 점검해 봐야 합니다. 칼이 들려 있다면 그 칼을 칼집에 꽂아야 합니다. 우리는 칼로 승리하는 사람들이 아닙니다. 우리는 하나님의 사랑으로, 예수님의 은혜로, 성령님이 함께하심으로 승리하는 그리스도인입니다.

칼을 칼집에 꽂고, 두 손에는 하나님의 사랑을 가득 들고, 예수님께서 이 땅에 뿌린 평화의 씨앗을 싹 틔울 수 있는 중보자로 서야 합니다.

찬양_ 천년이 두 번 지나도

하나님 앞에서 솔직하기

나는 사랑하나 그들은 도리어 나를 대적하니, 나는 기도할 뿐이라

시편 109:4

 시편의 기도와 찬양들은 아름다운 언어로 표현된 것들도 많지만, 어떤 시들은 저주, 원망, 불평 등을 담고 있습니다. 109편의 배경을 구체적으로 알 수는 없지만, 다윗은 속이 굉장히 많이 상한 것 같습니다.

다윗은 고백합니다. "나는 사랑하나 그들은 도리어 나를 대적하니, 나는 기도할 뿐이라." 이런 상황에서 다윗은 칼을 들어 상대방을 겨누지 않고 기도했습니다. '기도할 뿐이라'는 다윗의 말이 은혜가 됩니다. 역시 다윗답습니다.

이어지는 시에서 다윗은 기도합니다. "그가 심판을 받을 때에 죄인이 되어 나오게 하시며, 그의 기도가 죄로 변하게 하시며, 그의 연수를 짧게 하시며, 그의 직분을 타인이 빼앗게 하시며, 그의 자녀는 고아가 되고, 그의 아내는 과부가 되며, 그의 자녀들은 유리하며 구걸하고, 그들의 황폐한 집을 떠나 빌어먹게 하소서."

원수를 향한 기도입니다. 고상하거나 수준 높은 기도는 아닙니다. 하지만 다윗은 원수를 향해 칼을 들고 나아가지 않았습니다. 하나님 앞에 자신의 심정을 솔직하게 털어놓으며 기도의 자리로 나아갔습니다.

우리는 원수를 저주하고 싶고, 내가 당한 것을 내 손으로 갚아주고 싶어 합니다. 하지만 다윗처럼 상한 마음을 하나님께 솔직하게 털어놓고, 원수를 하나님 손에 맡겨야 합니다. 그럴 때 하나님께서 우리의 마음을 치료하시고 어루만지시고 큰 회복의 은혜를 허락하실 것입니다.

이 시의 마지막에는 어느새 원수를 저주했던 다윗은 사라집니다. 그리고 하나님을 찬양하며 높이는 다윗만 남습니다. 원수를 하나님 손에 맡기고 하나님 앞에 기도합시다. 기도로 승리를 이루어 내는 삶을 살아갑시다.

찬양_ 369장(죄 짐 맡은 우리 구주)

생기 있는 주의 백성

주의 권능의 날에 주의 백성이 거룩한 옷을 입고 즐거이 헌신하니, 새
벽 이슬 같은 주의 청년들이 주께 나오는도다 시편 110:3

이 시는 신약 성경에서 자주 인용되는 대표적인 메시아
예언시입니다. 그중에서 3절은 우리에게 매우 익숙합니
다. '새벽이슬 같은' 복음성가 때문입니다. 우리는 이 말씀을 거
룩한 청년들을 향한 하나님의 부르심으로 생각하지만, 메시아가
세상을 다스리게 될 때 일어나는 주의 백성이 어떤 모습인지를
예언한 구절입니다.

주의 권능의 날에 주의 백성은 거룩한 옷을 입습니다. 이 옷
은 제사장의 옷처럼 여러 가지 장식이 달려 있습니다. 이 옷을
입고 즐겁게 헌신하며 나옵니다. 이런 주의 백성은 다시 '새벽이
슬 같은 주의 청년들'로 표현됩니다. 다시 표현된 주의 백성은
어떤 모습입니까?

첫째, 주의 백성은 청년과 같이 활기 있고 생명력이 넘칩니
다. 둘째, 이슬의 의미처럼 풍성한 축복을 받는 백성입니다. 셋
째, 새벽에 주께 나오는 사람들입니다. 어둠이 미처 가시지 않은

새벽에 나온다는 것은 조금이라도 빨리 주님께 나아오고 싶어 하는 열심과 열정이 있다는 것을 말합니다.

그래서 주의 백성은 청년들로, 거룩한 옷은 이슬로, 즐거이 헌신하는 모습은 새벽에 주께 나오는 것으로 표현한 것입니다. 주의 백성과 같은 모습이 우리의 모습이면 좋겠습니다.

주님이 주신 생명으로 청년 같이 생기 있게 살아가고, 그 은혜에 힘입어 거룩하게 살아가며, 기쁨으로 주님께 나아감으로 주의 권능의 날을 기다려야 할 것입니다.

찬양_ 새벽이슬 같은

매일 아침 사랑 한 모금

3부

값을 주고 산 사랑

이와 같이 그 밭과 거기에 속한 굴이 헷 족속으로부터 아브라함이 매
장할 소유지로 확정되었더라 창세기 23:20

 아마도 세상에 공짜 싫어할 사람은 없을 것입니다. 거저
받은 것이 실생활에 필요한 물건이면 참 기분이 좋습니
다. 하지만 필요한 것이 아니거나 흔한 것이라면 애정도 생기지
않을 뿐만 아니라 부담스럽습니다.

창세기 23장은 사라가 죽고, 아브라함이 매장지를 구매하는
과정을 보여 줍니다. 아브라함은 매장지를 거저 얻을 수도 있었
지만, 값을 지불하고 제대로 구입합니다. 아브라함은 왜 그 땅을
제값 주고 샀을까요?

다양한 해석이 있을 수 있겠지만, 아브라함이 아내를 사랑했
기 때문이라고 생각합니다. 공짜로 얻은 땅이 아닌, 자신이 값을
치른 소중한 땅에 아내를 장사 지내고 싶었던 것입니다.

우리를 향한 하나님의 사랑도 이와 비슷합니다. 전능하신 하
나님께서 우리를 죄에서 구원해 내는 쉽고 편한 방법이 많았을
것입니다. 그런데 하나님은 우리를 살리시는 데 엄청난 희생을

치르십니다. 하나님께 너무 소중한 예수님을 값으로 내어주면서까지 우리를 살리십니다.

우리의 죄가 그만큼 무겁기 때문이기도 합니다. 하지만 하나님은 예수님을 값으로 치를 만큼 우리를 소중하게 여기시고, 사랑하기 때문이기도 합니다. 예수님의 생명으로 우리를 살리신 하나님의 사랑을 기억해야 합니다. 그리고 그만큼 우리는 하나님께 소중한 존재임을 기억해야 합니다.

찬양_ 모든 능력과 모든 권세

뜻밖의 기쁨

주께서 내 마음에 두신 기쁨은 그들의 곡식과 새 포도주가 풍성할 때
보다 더하니이다 시편 4:7

 하나님께서 주시는 기쁨은 세상이 주는 기쁨과는 차원
이 다릅니다. 다윗은 하나님께서 주시는 기쁨에 대해서
곡식과 새 포도주가 풍성할 때보다 더 기쁘다고 표현합니다. 곡
식과 새 포도주가 풍성할 때가 언제입니까? 추수할 때입니다.
추수의 기쁨은 인간이 누리는 큰 기쁨 중 하나입니다. 대부분의
나라는 추수를 마치면 축제를 합니다.

다윗은 하나님께서 주신 기쁨이 추수의 기쁨보다 크다고 노
래합니다. 그런데 사실 다윗의 상황은 매우 좋지 않습니다. 그는
노년에 아들 압살롬의 반역으로 도망자 신세가 되었습니다. 예
루살렘을 벗어나 마하나임까지 쫓겨 갔습니다. 함께하는 이들은
지쳤고 절망스러웠습니다.

그런데 뜻밖에 다윗 일행은 그 지역의 갑부인 바실래를 비롯
한 세 사람의 극진한 대접을 받게 됩니다. 도망 중이었지만 그
밤을 편히 지낼 수 있었습니다. 이때 다윗이 고백한 기도가 시

편 4편입니다. 다윗은 환난 중에 만난 뜻밖의 기쁨을 하나님께서 베푸신 것으로 고백했습니다. 극한 상황에서도 안전하게 피할 수 있는 피난처를 제공해 주신 분은 오직 여호와 하나님뿐입니다. 하나님이 다윗에게 베푸신 기쁨이 너무 컸습니다.

여호와 하나님은 다윗에게만 이런 일들을 행하시는 분이 아닙니다. 하나님은 우리에게도 같은 은혜를 베풀어 주십니다. 다윗의 하나님이 곧 나의 하나님입니다. 하나님은 우리의 형편을 아시고 어려움 속에서도 뜻밖의 기쁨을 주시는 분입니다.

찬양_ 아름다운 이야기가 있네

소망의 밤

내가 속한 바 곧 내가 섬기는 하나님의 사자가 어제 밤에 내 곁에 서서 말하되 사도행전 27:23

여러분의 밤은 평안합니까? 우리 모두는 평안한 밤을 보내고 기분 좋은 아침을 맞이하기 원합니다. '밤'이라는 단어가 주는 의미는 대부분 시련, 고통, 어둠입니다. 인생의 밤도 평안함보다는 실패와 괴로움의 시기를 의미합니다.

어떤 이에게 밤은 무섭고 두려우며 절망스러워서 모든 것을 포기하는 때입니다. 그러나 어떤 이에게는 마음을 다시 잡고, 굳은 결심과 새 힘을 얻고 일어나는 때이기도 합니다. 이처럼 우리는 인생의 밤에 역사를 끝낼 수도 있고, 이루어 낼 수도 있습니다.

바울 사도는 재판을 받기 위해 로마로 가던 중 큰 광풍을 만났습니다. 배는 난파해서 바람에 이리저리 밀려다녔습니다. 배에 탄 사람들은 2주간 동안 아무것도 먹지 못하고 기진맥진한 채 낙심해 있었습니다. 소망이 없었습니다. 바로 그때 바울 사도가 일어나 사람들에게 외쳤습니다. "여러분이여 안심하십시오."

어떻게 바울은 담대하게 소망의 메시지를 선포할 수가 있었을까요? 바울에게는 다른 사람들이 경험할 수 없는 특별한 비밀의 시간이 있었습니다. 어젯밤이었습니다. 사람들이 공포에 질려 절망의 밤을 지새울 때, 바울은 하나님의 이름을 붙잡고 그분의 말씀 앞에 엎드렸습니다. 하나님은 바울을 만나주셨고, 새로운 계획과 소망, 평안을 주셨습니다. 바울은 하나님께 기도해서 역사를 이루어 낼 수 있었습니다.

우리의 인생에도 어두운 밤이 찾아올 때가 있습니다. 그럴 때 절망으로 밤을 보내는 것이 아니라, 하나님 앞에 기도함으로 소망의 밤을 보내야 합니다. 하나님께서는 기도하는 우리를 통해 새로운 하나님의 역사를 이루어 가실 것입니다.

찬양_ 490장(주여 지난 밤 내 꿈에)

통제가 불가능할 때

웃시야 왕이 죽던 해에 내가 본즉 주께서 높이 들린 보좌에 앉으셨는데, 그의 옷자락은 성전에 가득하였고 이사야 6:1

여러분은 삶을 통제할 수 있습니까? 주변에 일어나는 일들에 대한 통제가 가능합니까? 사람은 자신이 통제할 수 있는 범위를 벗어나는 일이 발생할 때 두려움에 사로잡힙니다. 우리의 삶이 어렵고 힘든 이유는 통제가 안 되는 일들이 많기 때문입니다. 그럴 때 하나님은 우리에게 말씀합니다. "나에게 맡겨라."

이사야 선지자가 하나님의 부르심을 받았을 때는 웃시야 왕이 죽던 해입니다. 웃시야는 나라를 잘 다스린 왕입니다. 그런 왕이 죽자 이사야는 걱정이 되었습니다. 그래서 하나님 앞에 무릎 꿇고 기도합니다.

그때 이사야는 높이 들린 보좌에 앉아서 자신의 영광을 온 땅 충만하게 채우시는 하나님을 만납니다. 웃시야의 왕좌는 비어 있었지만, 하나님의 보좌는 그렇지 않았습니다. 웃시야의 다스림은 끝이 났지만, 하나님의 다스림은 끝나지 않았습니다.

통제가 불가능한 상황에서 두려워하고 걱정했던 이사야에게 하나님이 보여 주고 싶으신 것은 그 문제보다 훨씬 더 크고 위대하신 하나님입니다. 그 하나님을 만난 이사야는 사명을 받고 돌아갑니다. 그런데 그 사명은 이사야가 실패해야 이룰 수 있는 사명이었습니다. 그럼에도 이사야는 하나님 말씀에 순종하여 기꺼이 그 자리로 나아갑니다. 문제보다도, 자신의 성공보다도 더 크고 위대하신 하나님을 만났기 때문입니다.

하나님을 만난 사람은 하나님의 일을 생각합니다. 그래서 고난의 자리에서도, 실패하는 자리에서도 기뻐할 수 있습니다. 우리에게도 저 높은 보좌에 앉아 계신 하나님이 있습니다. 그 하나님이 우리와 함께하십니다. 그분을 붙들고 하루하루를 멋지게 살아갑시다.

찬양_ 370장(주 안에 있는 나에게)

우리가 모인 이유

또 말하되, 자! 성읍과 탑을 건설하여 그 탑 꼭대기를 하늘에 닿게 하여 우리 이름을 내고, 온 지면에 흩어짐을 면하자 하였더니 **창세기 11:4**

'바벨탑과 오순절' 사건은 모두 언어와 관련이 있습니다. 그러나 결과는 완전히 다릅니다. 바벨탑 사건은 소통의 단절과 흩어짐으로 끝이 납니다. 반면에 오순절 사건은 소통의 시작과 더욱 많이 모임으로 끝이 납니다.

세상의 언어가 하나였을 때, 사람들은 살기 좋은 시날 평지에 모였습니다. 그들은 하늘에 닿는 탑을 쌓기로 계획합니다. 탑을 쌓기로 한 이유는 자신들의 이름을 높이고, 내가 가진 것과 쌓아 온 것에 대한 흩어짐을 면하기 위해서입니다. 이런 목적이 하나님의 뜻과 기대에 어긋났습니다. 하나님은 그들의 언어를 혼잡하게 하여 흩어버리십니다.

오순절에 제자들 역시 한 곳에 모입니다. 제자들은 하나님의 이름을 높이고, 그들이 가진 것을 나누기 위해 모였습니다. 그러자 하나님께서는 그곳에 모인 이들에게 성령으로 찾아오시고, 서로 다른 언어를 사용하는 이들에게 하나님의 큰일을 알게 하셨습니다. 이 일로 인해 온 백성이 그들을 칭찬하고, 날마다 구원 받는 이들이 더하여졌습니다.

우리가 모인 이유는 탑을 쌓으려는 자들과 같습니까? 아니면 오순절 제자들과 같습니까? 우리가 모인 이유는 하나님을 높이기 위함이어야 합니다. 내가 가진 것과 쌓아온 것을 지키기 위함이 아니라, 흩어져서 나눠주기 위함이어야 합니다. 그런 모임이 하나님의 뜻과 기대에 합당한 모임입니다. 곧 하나님께 받은 은혜를 흘려보내는 축복의 통로로서의 모임입니다. 우리의 모임이 그런 모임이 되도록 한마음으로 애쓰며 기도해야 합니다.

찬양_ 여기에 모인 우리

약속의 말씀으로 바꾸시는 하나님

하나님이 이르시되 내가 반드시 너와 함께 있으리라. 네가 그 백성을 애굽에서 인도하여 낸 후에 너희가 이 산에서 하나님을 섬기리니, 이 것이 내가 너를 보낸 증거니라 출애굽기 3:12

하나님은 모세를 통해 이스라엘을 구원하려고 하셨습니다. 그런데 모세는 하나님의 계획을 들으면서 이 일은 나 같은 사람이 할 수 없다는 것을 깨달았습니다. 그는 이렇게 말합니다. "내가 누구이기에!"

모세는 초라하고 보잘것없고 내세울 것 없는 자신의 모습을 돌아보고 아주 슬프고 우울한 마음으로 하나님께 되묻습니다. 모세의 되물음에 하나님은 12절 말씀으로 답하셨습니다.

이 말씀에서 '반드시'로 번역된 히브리어는 원인과 결과를 나타내는 접속사입니다. 그리고 하나님은 이 접속사를 바로 뒤 문장에서 한 번 더 사용하십니다. 느낌을 살려 번역하면, "내가 너와 함께 있기 때문에, 너를 보낸 나 때문에 네가 그 백성을 이집트에서 인도하여 낸 후에 너희가 이 산에서 하나님을 섬길 것이다. 이것이 너에게 증거이니라."

왜 하나님은 이 접속사를 두 번이나 사용해서 모세에게 말씀하셨을까요? 우리말 성경에는 번역되어 있지 않지만, 11절에 모세가 이 접속사를 두 번 사용해서 거절했기 때문입니다.

모세는 하나님의 큰일은 "나 때문에 실패합니다. 나 때문에 이룰 수 없습니다"라고 말했고, 그런 모세에게 하나님은 "나 때문에 할 수 있고, 나 때문에 이룰 수 있다"고 말씀하신 것입니다. 하나님은 모세가 거절할 때 쓴 말을 그대로 받으셔서 확신에 찬 목소리로, 하나님의 강한 의지로 거절의 말을 약속의 말씀으로 바꾸셨습니다.

오늘 우리도 모세와 같이 대답할 때가 있습니다. "나 때문에 안 됩니다. 나 때문에 실패할 것입니다." 그러나 하나님은 그 거절의 말을, 부정의 말을 약속의 말씀으로 바꾸십니다. "내가 너와 함께하기 때문에 할 수 있다." 이렇게 말씀하시고 우리와 함께하시는 임마누엘의 하나님을 의지하며 세상에, 내 마음에 약속의 나무 한 그루를 심기 바랍니다.

찬양_ 주님 내가 여기 있사오니

하나님을 가까이하라

하나님을 가까이하라 그리하면 너희를 가까이하시리라 야고보서 4:8

하나님은 아브라함에게 고향, 친척, 아버지의 집을 떠나 하나님이 보여 줄 땅으로 가라고 말씀하셨습니다. 세상의 관점으로 보면 아브라함이 고향을 떠나지 않는 것이 미래를 위해 훨씬 나아 보입니다. 그러나 아브라함은 아직 오지 않은 알 수 없는 미래를 향해 믿음으로 발걸음을 내딛습니다.

믿음으로 발걸음을 내디뎠지만, 탄탄대로가 그의 앞에 놓여 있지는 않았습니다. 아내의 문제로 인한 위기, 아들을 바쳐야 하는 믿음의 연단, 소돔을 위해 부르짖었지만 소돔과 고모라의 멸망을 바라봐야 했던 현실. 이런 어려운 상황에서 아브라함은 어떻게 보이지 않는 믿음의 약속을 지킬 수 있었을까요?

아동심리학자들의 말에 의하면 아이가 아무리 자유롭게 놀아도 엄마나 아빠가 주위에 있다는 것을 확신해야만 자신 있게 논다고 합니다. 부모의 존재를 확신할 때 자신감과 기쁨이 있다는 것입니다.

그리스도인에게도 마찬가지입니다. 하나님이 나와 임마누엘로 함께하신다는 확신이 있을 때, 우리는 힘든 세상을 강하고 담대하게 살아갈 수 있습니다.

하나님이 나와 함께하신다는 확신이 아브라함에게는 있었습니다. 그래서 아브라함은 늘 하나님과 가까이하기 위해 노력했습니다. 그는 매일 약속의 땅을 향해 이동해야 했지만, 거처를 옮길 때마다 제단을 쌓고 살아 계신 하나님께 예배드렸습니다. 매일 이동해야 하는 불안정한 삶이었고, 정처 없이 걸어야 하는 미완의 삶이었지만 오늘이 마지막 날인 것처럼 그는 하나님을 예배했습니다. 하나님께 꼭 붙어 있었고 하나님을 가까이하기 위한 경건의 훈련을 게을리하지 않았습니다.

우리는 언제든 어디서든 하나님께 나아가야 합니다. 경건의 능력을 위해 세월을 아끼며 하늘의 지혜를 구하십시오. 오늘도 하나님을 가까이함으로 약속을 붙잡고 살아가는 하루가 되기를 소망합니다.

찬양_ 214장(나 주의 도움 받고자)

깨어 기도하라

시험에 들지 않게 깨어 있어 기도하라. 마음에는 원이로되 육신이 약
하도다 마가복음 14:38

예수님이 잡히시던 날 밤, 예수님은 제자들과 함께 겟세
마네 동산으로 기도하러 가셨습니다. 예수님은 자신에게
닥칠 일을 알고 계셨습니다. 예수님에게 다가올 미래는 피하고
싶을 만큼 고통스러운 십자가였습니다.

그러나 예수님은 도망가지 않고 이전처럼 제자들과 함께 기
도하러 가셨습니다. 잠시 현실에서의 도피가 아니라, 하나님 앞
에 자신의 심정을 고스란히 올려 드렸습니다. 성경은 당시 예수
님의 심정을 이렇게 기록합니다.

"내 마음이 심히 고민하여 죽게 되었으니, 너희는 여기 머물
러 깨어 있으라"(막 14:34).

예수님의 간절함을 모르는 제자들은 피곤에 지쳐 그만 잠이
들었습니다. 안타깝게도 제자들은 기도해야 할 상황에 기도하지
못했습니다. 예수님도 제자들의 피곤함을 잘 알고 계셨지만, 육
체가 피곤해도 기도의 때를 놓쳐서는 안 되기 때문에 집중해서

기도하기 위해 겟세마네 동산에 오르셨습니다. 그때 예수님의 결연한 목소리가 귓가에 울립니다.

"그만 되었다. 때가 왔도다"(막 14:41).

때가 왔습니다. 이제는 기도하기에는 너무 늦었습니다. 예수님은 군인들에게 잡혀 끌려가시고 그를 따르던 제자들은 다 도망갔습니다.

육신적으로 지치고 삶이 녹록치 않나요? 일단 쉬고 에너지를 충전하여 나중에 기도해야 할까요? 기도에는 때가 있습니다. 현실이 피곤하고 기도할 수 없는 상황일지라도, 기도의 때를 미루거나 놓쳐서는 안 됩니다. 그 기도의 때가 지나면 제자들처럼 더는 기회가 없습니다. 그 어느 때보다 깨어 기도할 때가 바로 지금입니다.

찬양_ 364장(내 기도하는 그 시간)

점점 더 강성하여 지니라

만군의 여호와께서 함께 계시니, 다윗이 점점 강성하여 가니라

역대상 11:9

다윗은 이스라엘과 유다를 다스리는 통일된 왕국의 유일한 왕으로 기름 부음을 받았습니다. 사무엘을 통해 기름 부음을 받은 후, 사울의 위협을 피해 도망 다닌 지 13년이 지나서야 왕이 되었습니다. 고달프고 힘든 시간이었지만, 역경과 환난을 통해 다윗은 하나님께서 약속하신 시간에 점점 더 가까워졌습니다.

이스라엘의 왕이 된 다윗에게는 많은 용사가 있었습니다. 용사들은 다윗을 도와 나라를 얻게 했고, 잘 보좌하여 왕위에 오르게 했습니다. 또한 강한 군대가 있어서 여부스 사람들을 물리치고 다윗 성을 건설했습니다. 예전의 혈혈단신으로 도망치던 모습이 아니라, 다윗을 보호할 강한 용사와 강한 군대가 그의 곁에 있습니다.

이스라엘을 완성한 다윗에 대해 성경은 말합니다. "만군의 여호와께서 함께 계시니 다윗이 점점 강성하여 가니라."

강한 용사와 강한 군대가 다윗과 함께했지만, 모든 군대의 왕이신 여호와께서도 다윗과 함께하셨습니다. 사람마다 나를 든든하게 하고, 나를 지켜 주며 내가 의지하는 것들이 있습니다. 그러나 그 모든 것 위에 계시며, 모든 것을 뛰어넘으시는 하나님이 나와 함께하신다는 사실을 믿고 기억해야 합니다.

하나님이 함께하시는 인생은 쇠퇴하지 않습니다. 하나님이 함께하심으로 점점 강성하게 됩니다. 점점 차고 넘치게 됩니다. 갈수록 흥하고 배가 되는 은혜를 맛보게 됩니다. 만군의 여호와 하나님이 우리와 함께하십니다. 우리는 점점 더 강성해지고, 채워지고, 흥하게 되고 기쁨이 넘치게 될 것입니다.

찬양_ 88장(내 진정 사모하는)

일어나 걸으라

은과 금은 내게 없거니와 내게 있는 이것을 네게 주노니 나사렛 예수 그리스도의 이름으로 일어나 걸으라 사도행전 3:6

 성전 입구에 한 사람이 앉아 있습니다. 그는 태어나면서부터 걸을 수 없었고, 지극히 평범한 일도 할 수 없습니다. 그가 살아갈 유일한 방법은 그저 성전 미문에 앉아서 구걸하는 일뿐입니다. 사람들의 시선 아래에서 늘 도움을 구걸했습니다. 어떤 이들은 돈과 먹을 것을 주었고, 어떤 이들은 모른 척하고 지나갔습니다. 기도하러 성전에 들어가는 베드로와 요한에게도 구걸했습니다.

그런데 베드로와 요한은 그에게 "우리를 보라"고 말합니다. 그와 시선을 맞춘 것입니다. 늘 고개를 숙이고 구걸하는 것이 아니라, 이제는 고개를 들어 자신들을 바라보라고 합니다. 땅만 바라보며 땅에 것을 구걸하는 것으로는 그의 근원적인 문제를 해결할 수 없다는 것을 베드로와 요한은 알았습니다. 베드로와 요한은 누구도 주지 않은 선물을 그에게 줍니다.

"은과 금은 내게 없거니와 내게 있는 이것을 네게 주노니 나사렛 예수 그리스도의 이름으로 일어나 걸으라."

"일어나 걸으라." 이 말을 그는 얼마나 듣고 싶었을까요? 어쩌면 지금까지 꿈도 꾸지 않았을 것입니다. '나는 원래 이런 사람이야', '어쩔 수 없어' 자포자기하며 살았을 것입니다. 그런 그에게 베드로와 요한은 예수 그리스도의 이름으로 '일어나 걸으라'고 선포한 것입니다.

혹시 어떤 문제로 앉은뱅이처럼 풀이 죽어 있습니까? 땅만 바라보며 땅에 것을 구걸하며 하루를 버티고 있습니까? 절망과 두려움 속에 살고 있습니까? 고개를 들어 하나님을 바라보십시오. 하나님은 우리에게 오늘도 '일어나 걸으라'고 말씀하십니다. 일어나 걷게 하는 능력이 하나님께 있습니다. 우리는 다시 일어날 수 있습니다. 우리는 다시 걸으며 시작할 수 있습니다. 그 일을 가능하게 하시는 크고 놀라운 여호와의 눈길과 손길이 우리를 향하고 있습니다.

찬양_ 151장(만왕의 왕 내 주께서)

더 커지는 은혜

 초대교회 사도들은 예수님의 복음을 전하다가 많은 고
난과 핍박을 받았습니다.

우리는 코로나가 종식되어도 코로나 이전의 삶으로 돌아가기
는 쉽지 않을 것입니다. 이미 사회의 많은 분야가 비대면으로 전
환되었고, 다양한 영역에서 변화가 일어나고 바뀌고 있습니다.
이는 교회에도 동일하게 적용됩니다. 교회의 문화나 예배 형태
도 다양하게 변화될 것입니다.

이렇듯 앞으로의 교회는 부흥보다는 생존 또는 현상 유지를
우선으로 해야 할 것 같습니다. 다가올 미래가 교회에 불리하게
작용할 것 같기 때문입니다.

그러나 오늘 말씀은 우리에게 새로운 희망을 줍니다. 복음 때
문에 모진 고통과 핍박, 격리, 협박이 있었음에도 "그 때에 제자
가 더 많아졌다"라고 성경은 말합니다. 분명 부흥을 꿈꿀 수 없
던 환경이었습니다. 현상 유지는커녕 이탈을 걱정해야 할 만큼

핍박이 거셌습니다. 그러나 초대교회는 부흥했습니다. 왜냐하면 상황을 뛰어넘는 능력이 예수님의 복음에 담겨 있기 때문입니다.

우리의 상황도 어렵습니다. 그러나 어려움을 견디고 버티는 수준이 아니라, 이 어려움 속에서도 하나님은 부흥을 선물하실 것입니다. 성도들의 기업을 부흥시키며, 상한 심령이 소생하고 부흥하게 될 것입니다. 우리가 믿는 복음에 부흥의 능력이 있기 때문입니다. 어려움 중에서도 줄지 않고, 오히려 더하게 하시는 놀라운 하나님의 부흥을 경험하는 오늘 하루가 되기를 응원합니다.

찬양_ 486장(이 세상에 근심된 일이 많고)

기쁨으로 반응하기

온 무리가 이 말을 기뻐하여 믿음과 성령이 충만한 사람 스데반과 또 빌립과 브로고로와 니가노르와 디몬과 바메나와 유대교에 입교했던 안디옥 사람 니골라를 택하여 사도행전 6:5

복음의 능력으로 부흥을 경험한 초대교회는 한 가지 갈등을 겪습니다. 외국 태생의 유대인들과 본토 태생의 유대인 간의 갈등입니다. 박해라는 외부 요인은 잘 이겨냈지만, 금세 내부의 갈등이 발생했습니다. 부흥의 불씨가 타오르는 시기에 사탄은 갈등으로 교회를 분열시키려 한 것입니다.

최근에 훈련 중인 이란 해군이 미사일 오발로 자국의 배를 피격해 열아홉 명이 사망한 사건이 발생했습니다. 교회 내의 분열은 아군의 오인 사격과도 같습니다. 부흥의 때일수록, 어려운 시기일수록 우리는 같은 믿음의 사람들끼리 오해와 분열이 생기지 않도록 배려하고 섬겨야 합니다.

초대교회 사도들은 교인들 간의 갈등을 해결하기 위해 일곱 집사에게 이 문제에 대한 전권을 위임했습니다. 교인들 간의 갈등 때문에, 사도들이 말씀을 가르치고 기도하는 목양 사역에 집중할 수 없었기 때문입니다. 사실 갈등을 중재하는 일이 쉽지 않습니다.

그런데 사도들의 제안을 들은 성도들이 '이 말을 기뻐했고' 일곱 명의 집사를 선출했습니다. 갈등은 사라졌고, 사도들은 본연의 사명에 집중할 수 있게 되었습니다.

이 얼마나 아름답고 은혜로운 장면입니까? 교회의 갈등은 내가 맡은 사명에 대해 기쁨으로 순종하고 섬기는 자들에 의해 눈 녹듯이 사라지게 됩니다. 바라기는 아군끼리의 오인 사격이 아니라, 기쁨으로 순종하고 섬겨서 갈등이 사라지고, 평안의 소식을 전하는 사랑의 공동체가 되기를 소망합니다.

찬양_ 208장(내 주의 나라와)

믿음대로 산다는 건

보라 그의 마음은 교만하며 그 속에서 정직하지 못하나, 의인은 그의
믿음으로 말미암아 살리라 하박국 2:4

 하박국 선지자는 어떻게 믿음으로 살 것인가에 대해 두
가지를 이야기합니다.

첫째, 하박국은 '교만하지 않아야 믿음이 생긴다'는 것을 알
려 줍니다. 성경 속의 역사에서 사람들이 죄를 짓고 하나님에 대
한 믿음을 저버렸을 때, 그들의 마음속에 자리 잡은 것은 교만입
니다. 하나님이 없어도 이것이 있으니 충분하다는 마음이 교만
입니다.

'나는 여전히 하나님의 은혜가 필요한 사람입니다'라고 고백
하는 믿음의 사람들은 교만하지 않습니다. 우리는 지금 내가 가
진 것뿐만 아니라, 여전히 하나님의 은혜에 목마르고 갈망하는
믿음의 사람이 되어야 합니다.

둘째, 하박국은 '정직하게 행해야 믿음이 생긴다'는 것을 알
려 줍니다. 정직을 이렇게 정의해 봤습니다. "인정하는 용기가
정직이다."

많은 사람이 자신의 잘못, 허물, 부족함을 드러내지 않기 위해 애씁니다. 화려하게 치장하고, 거짓에 살을 덧붙이기도 합니다. 만약 아나니아와 삽비라가 잘못을 인정했다면, 부부 중 한 명이라도 살 수 있었을지 모릅니다. 믿음의 사람은 정직하게 인정하는 사람들입니다. 그렇다면 우리는 무엇을 인정해야 할까요? '나는 여전히 하나님의 은혜가 필요합니다'라는 사실을 매 순간 인정해야 합니다.

일이 잘 풀리고, 만사가 형통할 때 이 사실을 잊어서는 안 됩니다. 성공했을 때나, 실패했을 때나 언제나 동일하게 '나는 여전히 하나님의 은혜가 필요하다'는 사실을 정직하게 인정해야 합니다. 이것을 매 순간 인정하지 않으면 우리는 필요할 때만, 급할 때만 하나님을 찾는 이기적인 신앙인이 될 것입니다. 오늘도 하나님의 은혜를 사모하고 주님의 은혜 없이는 살 수 없다고 정직하게 인정하며 기쁨으로 살아가기를 소망합니다.

찬양_ 336장(환난과 핍박 중에도)

합력하여 선을 이루시는 하나님

그 날에 예루살렘에 있는 교회에 큰 박해가 있어 사도 외에는 다 유대
와 사마리아 모든 땅으로 흩어지니라 사도행전 8:1

 스데반의 순교 이후 초대교회에는 큰 박해가 있었습니
다. 예수님의 십자가 고난 앞에서 사도들은 누구보다 빨
리 그리고 멀리 도망쳤습니다. 그러나 심각한 박해가 벌어지고
있는 예루살렘에서 그들은 도망치지 않고 그 자리를 지켰습니다.

무엇이 그들을 고난의 자리 예루살렘에 남도록 했을까요? 바
로 '성령 충만' 때문입니다. 성령 충만한 사도들은 기적과 표적
을 일으켰습니다. 성령 충만을 받은 후 그들은 담대해졌습니다.
고난의 자리를 피하지 않고 오히려 고난의 한복판에서 견디며
기도하는 담대함이 생겼습니다.

사도들과는 달리 대부분의 사람은 예루살렘을 떠나 흩어졌습
니다. 이 흩어짐은 신앙을 배신한 도망의 줄행랑이 아니었습니
다. 각자의 사명의 자리로 나아가는 하나님의 섭리였습니다. 흩
어진 사람들은 박해를 당할까 봐 겁이나 숨거나 자신의 신분을
감추지 않았습니다. 그들은 사마리아에서 복음을 전하기 시작했

습니다. 사마리아 사람들과의 갈등을 생각했을 때 이는 매우 놀라운 일입니다.

성령 충만한 사람들은 이렇듯 지금까지의 차별과 혐오를 넘어서서, 사랑의 사람으로 변화되었습니다. 박해를 통해 적대 관계였던 사마리아 사람들에게도 복음이 전파되는 놀라운 기적이 일어났습니다. 합력하여 선을 이루시는 하나님의 놀라운 계획입니다.

우리도 성령 충만을 사모해야 합니다. 성령이 주시는 담대함으로 각자 사명의 자리를 지키고, 성령이 주시는 사랑으로 주어진 자리에서 살아갑시다. 합력하여 선을 이루시는 하나님께서 우리의 생각을 뛰어넘는 은혜로 함께하실 것입니다.

예수님은 "세상에서는 너희가 환난을 당하나 담대하라. 내가 세상을 이기었노라"고 말씀하셨습니다. 예수님의 말씀처럼 성령이 주시는 힘과 담대함으로 끝내는 승리하는 삶을 살아갑시다.

찬양_ 93장(예수는 나의 힘이요)

그가 기도하는 중이더라

사울이 땅에서 일어나 눈은 떴으나 아무 것도 보지 못하고 사람의 손에 끌려 다메섹으로 들어가서 사흘 동안 보지 못하고 먹지도 마시지도 아니하니라 사도행전 9:8-9

그리스도인을 심하게 박해한 사울은 흩어진 그리스도인들을 잡기 위해 다메섹으로 향했습니다. 다메섹으로 가는 중에 그가 박해했던 예수님을 만났습니다. 예수님은 자신을 드러내셨고, 사울은 하늘로부터 빛이 비쳐 앞을 볼 수 없었습니다.

성경에는 인간에게 한계를 느끼게 해서 하나님께 굴복시킨 몇 가지 기록이 있습니다. 야곱은 환도뼈가 부러졌고, 사가랴는 말을 할 수 없게 된 일들입니다. 그런데 사울은 그런 방법이 아니라 눈이 멀어 앞을 볼 수 없는 상태가 되었습니다.

왜 하나님은 입이나 귀, 환도뼈나 다리가 아니라 사울의 눈을 멀게 했을까요? 사도행전 9장 11절에는 앞을 보지 못한 사울의 사흘간의 모습이 담겨 있습니다. "사울이라는 사람을 찾으라. 그가 기도하는 중이니라."

그리스도인을 박해하는 데 누구보다 열심이었던 사울이 기도

하는 모습은 너무나 어색합니다. 더구나 사울은 자신의 의지로 음식을 먹지도 마시지도 않은 채 기도했습니다. 여기에서 우리는 사울의 눈을 멀게 하신 하나님의 뜻을 알 수 있습니다. 하나님은 지금까지 사울이 보고 듣고 행했던 삶을 끊어버리고, 새로운 사명을 시작하기에 앞서 기도로 준비하기를 원하신 것입니다.

식음을 전폐한 기도의 시간을 통해 예수 믿는 사람을 잡던 사울의 눈이, 이제는 예수 믿지 않는 사람을 찾는 사랑의 눈으로 변화되었습니다. 잡던 자에서 찾는 자로의 새로운 사명이 사울을 기다리고 있습니다.

사울의 보이지 않는 눈과 같이, 아무것도 보이지 않는 어두운 시간을 보내고 있습니까? 하나님은 간절히 기도하기를 원하십니다. 기도를 통해 사울의 어두운 눈에 밝은 빛이 임했듯이 하나님은 기도하는 우리의 인생에 어둠을 몰아내시고, 새로운 사명과 일상을 회복 시켜 주실 것입니다.

찬양_ 217장(하나님이 말씀하시기를)

그리하여

그리하여 온 유대와 갈릴리와 사마리아 교회가 평안하여 든든히 서 가고, 주를 경외함과 성령의 위로로 진행하여 수가 더 많아지니라

사도행전 9:31

큰 박해가 있었던 이스라엘에 사울의 회심 이후 큰 부흥이 있었습니다. 사도행전 9장 31절은 '그리하여'로 문을 엽니다.

첫 번째는 '순종했더니 그리하여'입니다. 사울은 자신이 박해했던 예수님을 만나고 변화되었습니다. 기도로 준비하고 변화된 사울에게는 복음 전파의 사명이 생겼습니다. 나흘 전까지만 해도 복음을 박해하던 사울에게, 이전까지의 자신의 삶을 부정하고, 복음을 선포하는 것은 순종하기 어려운 일이었습니다. 그러나 성경은 사울이 '즉시로 순종'했다고 말합니다. 주님을 만난 사람에게 나타나는 가장 큰 변화는 순종입니다. 아브라함, 이사야, 노아 등 하나님은 순종하는 사람들을 통해 그때부터 지금까지 역사하고 계십니다.

오늘 우리는 어떤가요? 우리는 순종에 대해 많이 듣는 자가

아니라, 내 삶에서 순종을 나타내고 드러내 보여 하나님이 마음 편히 쓰실만한 그릇이 되어야 합니다.

두 번째는 '힘을 더 얻었더니 그리하여'입니다. 예상했던 대로 사울의 변화는 종교지도자들에게 눈엣가시가 되었습니다. 그들은 사울을 죽이기 위해 모의했습니다. 예수님의 명령에 순종한 사울을 기다리고 있는 것은 고난과 위험이었습니다. 그런데 성경은 사울이 "더 힘을 얻었다"고 말합니다. 힘이 빠질 수밖에 없는 환경에서 무엇이 그에게 힘을 얻게 했을까요?

바로 그의 '신앙 고백'입니다. 사도행전 9장 20, 22절에 보면, 그는 예수님이 하나님의 아들인 것과 예수님이 그리스도이신 것을 담대히 선포합니다.

그리스도인이 얻는 힘은 내가 처한 어려운 환경이 완전히 사라져야 생기는 것이 아닙니다. 하나님에 대한 믿음과 신앙 고백을 가진 자들에게 하나님께서 하늘의 힘과 은혜를 부으시고 채워 주시는 것입니다.

찬양_ 358장(주의 진리 위해 십자가 군기)

굴곡 끝에서

그 때에 베드로가 사방으로 두루 다니다가 룻다에 사는 성도들에게
도 내려갔더니 사도행전 9:32

 초대교회에서 바울 못지않게 사명을 감당한 이는 베드
로입니다. 베드로는 예수님의 수제자입니다. 예수님이
몇 명의 제자들과 기도하러 가실 때도 베드로는 함께했습니다.
물 위를 걷다가 빠지기는 했지만, 그만큼 베드로는 주님을 향한
믿음과 사모함이 간절했던 제자입니다. 베드로는 십자가에 달리
신 예수님을 세 번이나 부인합니다. 그러나 주님은 베드로를 포
기하지 않으시고 여전히 사랑하셨고, 다시 기회를 주셨습니다.

예수님에 대한 사모함과 배신, 상반되는 두 모습이 베드로에
게 공존합니다. 사실 이는 우리의 모습이기도 합니다. 신앙생활
을 하다 보면 낙심할 때도 있고, 허무함과 답답함을 느낄 때도
있습니다. 뜬구름 잡는 듯한 상황 속에서 의심이 싹트기도 합니
다. 또 어느 때는 하나님과 이웃을 향한 사랑과 교회를 향한 섬
김의 마음이 불타오르기도 합니다.

베드로가 사모함과 배신 사이에서 왔다 갔다 했듯이, 우리의

신앙도 때로는 하늘을 찌를 듯이 뜨겁고, 때로는 바다보다 더 깊어져 차가워지기도 합니다. 이렇듯 신앙의 여정은 오르락내리락하는 굴곡이 있습니다. 그러나 중요한 것은 그 굴곡 속에서도 내 신앙이 자라고 있고, 신앙을 지혜롭게 유지해 나가느냐는 것입니다.

베드로는 사방으로 두루 다녔습니다. 베드로가 분주하게 두루 다닌 이유는 복음을 전하며, 주님을 기쁘시게 하는 삶을 살기 위해서입니다. 베드로의 신앙에도 굴곡은 있었지만, 그런 과정을 통해 그는 낙담하거나 신앙을 떠나지 않았습니다. 오히려 굴곡의 끝에서 더 큰 소망을 갖고 더 큰 믿음의 소유자가 되었습니다.

하나님은 언제나 우리 곁에 계십니다. 그 하나님과 함께 다시 일어나서 큰 믿음과 소망을 소유하게 되는 은혜를 날마다 경험하기를 소망합니다.

찬양_ 353장(십자가 군병 되어서)

하나님 한 분이면 충분합니다

베드로가 사람을 다 내보내고 무릎을 꿇고 기도하고 돌이켜 시체를
향하여 이르되, 다비다야 일어나라 하니 그가 눈을 떠 베드로를 보고
일어나 앉는지라 사도행전 9:40

 베드로 사도는 죽은 도르가를 살려냈습니다. 도르가는
선행과 구제를 많이 하고 여러 사람에게 덕을 끼친 착하
고 선한 신앙인입니다. 복음을 받아들이고 순종하기로 작정한
여제자입니다.

착하고 선하고 신앙을 가진 도르가는 예기치 않은 병에 걸렸
고 결국 그녀는 죽었습니다.

어떤 이들은 예수님을 믿지 않아도 착하고 성실하게 살면 된
다고 말합니다. 어떤 이들은 하나님이 고난과 고통 없이 출세 가
도로만 인도해 준다고 오해합니다. 그러나 착한 사람에게도, 신
앙인에게도 예기치 않은 실패와 눈물의 시간이 있습니다.

도르가는 죽었다가 다시 살아나는 기적을 경험합니다. 그러
나 이 기적보다 더 큰 기적이 오늘 말씀에 숨겨져 있습니다. 그
것은 바로 '베드로의 변화'입니다. 죽은 도르가가 누워 있는 방

안에서 베드로는 모든 사람을 나가게 합니다. 함께 기도해 달라고 요청할 수 있었지만, 그는 혼자 남습니다. 무엇이 죽은 도르가 앞에 혼자 있게 만든 것일까요?

'하나님 한 분이면 충분하다'는 그의 신앙 고백 때문입니다. 그는 형제 안드레와의 어부 생활, 열두 제자와의 동행, 몇몇 제자와의 기도 시간 등 그의 신앙 여정은 늘 누군가와 함께였습니다. 그러나 변화된 베드로는 이 순간만큼은 다른 사람들이 없어도 임마누엘 하나님이 자신과 함께하심을 믿었습니다. 사람들이 중보해 주지 않아도 하나님이 도우실 것을 확실히 믿었습니다.

내 편이 내 곁에 없다고 해서 혼자가 아닙니다. 우리 곁에는 하나님이 계십니다. 더는 사람의 도움, 인정, 칭찬을 갈구하지 말고, 하나님 한 분으로 충분하다는 고백과 믿음으로 이 하루를 시작하기 바랍니다.

찬양_ 292장(주 없이 살 수 없네)

온 집안에 임하는 은혜

그가 경건하여 온 집안과 더불어 하나님을 경외하며 백성을 많이 구제하고, 하나님께 항상 기도하더니 사도행전 10:2

백부장 고넬료는 이방인 출신의 군인입니다. 그는 로마 황제 가이사를 위해 인공으로 조성된 도시 가이사랴에 살았습니다. 당시 로마는 이스라엘을 통치하고 있었고, 고넬료는 이스라엘 사람들을 관리하기 위해 파견된 로마 군대의 장교입니다.

군인의 필수 조건은 나라에 대한 애국심과 충성심입니다. 최전선에서 나라를 위해 싸우기 때문입니다. 그런데 백부장 고넬료는 신앙을 가진 군인입니다. 피지배층인 이스라엘에서 선포되고 탄생한 예수 그리스도의 복음을 지배 나라 출신이자, 군인이라는 사회적 지위를 가진 사람이 받아들인다는 것은 쉽지 않은 선택입니다.

성경은 백부장 고넬료가 군인이라는 정해진 일과 속에서도 경건 생활을 철저히 했고, 직속 상관을 두려워하지 않고 하나님을 경외했다고 말합니다. 그뿐만 아니라 식민지 이스라엘 민족을 돕는 구제 활동도 하였고, 기도의 자리도 놓치지 않았습니다. 이는 당시 가이사랴 군인들에게서 찾아보기 힘든 모습입니다.

고넬료의 신앙이 혼자의 일로 끝나지 않았다는 점이 중요합니다. 그는 '온 집안과 더불어' 신앙의 모든 것을 함께했습니다. 이것이 하나님 복음의 능력입니다. 예수 그리스도의 복음은 지위나 신분, 내가 속한 상황이나 분위기에 제한 받지 않고, 불가능할 것 같았던 이방인 고넬료의 온 가정에 살아서 역사했습니다.

배우자나 자녀, 친정, 시댁, 친척의 신앙 문제로 기도하고 있습니까? 고넬료의 온 집안이 받아들인 복음의 은혜가 모든 가정에 부어지고, 살아 있는 복음의 능력으로 거듭나서, 새로운 신앙의 고백이 가정에서 넘쳐나길 소망합니다.

찬양_ 520장(듣는 사람마다 복음 전하여)

나보다 크신 하나님

또 두 번째 소리가 있으되, 하나님께서 깨끗하게 하신 것을 네가 속되다 하지 말라 하더라 사도행전 10:15

하나님은 고넬료 가정뿐만 아니라, 유대인의 편견 때문에 복음을 듣지 못하고 있는 이방인들에게 복음이 전파되기를 원하셨습니다.

하나님은 지붕에서 기도하는 베드로에게 환상 중에 나타나셨습니다. 배가 고픈 베드로는 기도를 멈추고 식사를 하려던 참입니다. 왜 성경은 베드로가 배가 고파 기도를 멈추고 식사를 하려했다는 것을 굳이 기록했을까요?

베드로의 육적 굶주림과 이방인들의 영적 굶주림을 대비하기 위해서입니다. 베드로와 유대인은 자신들에게만 구원이 있다고 생각했기 때문에 이방인에게 복음을 전하지 않았습니다. 이방인은 복음을 들을 기회조차 없었고 영적 기근에 허덕이고 있었습니다. 하나님에게는 이방인도 하나님의 형상으로 창조된 그분의 자녀입니다.

하나님은 당시 유대인들이 부정하다 여겼던 동물들의 환상을 보여 주며 "잡아먹으라"고 명령하십니다. 베드로와 유대인들이 가진 생각이 틀렸음을 상징적으로 말씀한 것입니다. 그러나 베드로는 "주여, 그럴 수 없습니다"라고 대답합니다. 베드로는 아주 강력하게 예수님의 명령을 세 번이나 거절했습니다.

때로는 인간의 강한 확신이 하나님의 뜻과 계획을 밀어냅니다. 나의 경험과 축적된 시간이 하나님의 마음을 모른 척합니다. 예수님을 믿는다는 건, 지금까지 살아온 삶의 방식과 생각을 주님이 부정하라면 기꺼이 부정하는 것입니다. 그것은 나보다 크신 하나님을 인정하는 일입니다. 우리는 "하나님의 미련한 것이 사람보다 지혜 있다"(고전 1:25)는 바울의 고백을 기억해야 합니다.

내 생각이 아니라 나보다 나를 더 잘 아시는 하나님을 신뢰해야 합니다. 주님께서 말씀하시면 내가 나아가겠다는 고백을 올려 드려야 합니다. 크신 하나님을 신뢰할 때, 베드로를 통해 많은 이방인이 복음의 자녀가 되었듯이 크신 하나님을 신뢰하는 우리를 통해 많은 이들이 주께로 돌아오게 될 것입니다.

찬양_ 435장(나의 영원하신 기업)

환난과 핍박 중에도

아무도 이 여러 환난 중에 흔들리지 않게 하려 함이라. 우리가 이것을
위하여 세움 받은 줄을 너희가 친히 알리라 데살로니가전서 3:3

바울은 2차 선교 여행 중, 데살로니가를 떠나 베뢰아를
거쳐 아테네에 이르렀습니다. 그때 바울에게 데살로니가
교회 성도들의 신앙이 위협당하고 있다는 소식이 들려왔습니다.

아직 신앙의 뿌리가 확고하게 박히지 않은 상태에서 박해와
유혹을 받은 성도들이 좌절할까 바울은 걱정되었습니다. 그래서
데살로니가 교회에 편지를 씁니다.

"우리 주 예수께서 오실 때에 그분 앞에서 우리의 희망이
나 기쁨이나 자랑할 면류관이 무엇이겠습니까? 그것은 여러분
이 아니겠습니까? 여러분이야말로 우리의 영광이요, 기쁨입니
다"(살전 2:19-20).

환난 중에 있었지만, 믿음과 소망으로 살아가는 교인들이 바
울의 존재 이유이자 기쁨입니다. 바울은 믿음의 아들인 디모데
를 보내서 환난 중에 있는 그들의 믿음을 격려했습니다.

환난은 우리를 과거로 되돌리는 힘이 있습니다. 출애굽 한 이

스라엘 백성은 광야에서 환난을 겪자 이집트를 그리워했습니다. 현실이 너무 힘든 사람들은 "옛날이 좋았어"라는 말을 종종 합니다. 코로나19를 겪으면서 일상적 예배와 삶이 얼마나 그립고 감사한 것인지 깨닫습니다. 그러나 오늘의 환난을 면하기 위해 과거로 돌려달라고 간구하기보다는 주님이 주시는 힘으로 환난을 견디는 복음적인 삶을 간구해야 합니다.

다니엘은 예배할 성전도 없고 함께 예배할 사람도 없는 큰 환난 속에 있었지만, 환난을 탓하지 않고 그 안에서 하나님의 자녀로서 살아갈 방법을 강구했습니다. 우리가 처한 현실도 녹록치 않지만, 버티고 견디게 하시는 주님의 은혜가 오늘도 우리와 함께합니다.

찬양_ 336장(환난과 핍박 중에도)

만남의 축복

십사 년 후에 내가 바나바와 함께 디도를 데리고 다시 예루살렘에 올라갔나니 갈라디아서 2:1

 바울은 예수님과 함께했던 열두 제자는 아니지만, 복음과 하나님 나라를 위해 많은 일을 했습니다. 바울은 당시 구원이 유대인에게만 있다는 편견을 넘어서서, 이방인에게도 복음을 전했습니다.

복음을 전하고 가르치는 바울의 선교 여행에 하나님은 바나바, 디도 같은 동역자를 붙여주셨습니다. 하나님께서는 바울에게, 그리스도인들에게 '만남'의 축복을 주십니다. 바나바는 바울과 같은 유대인입니다. 하지만 디도는 이방인입니다. 이들의 동역은 출신 지역과 민족의 다름이 하나님 나라의 동역을 방해하지 못한다는 것을 알려 줍니다. 오히려 하나님의 이름으로 모여 동역함으로 더욱 다양하고 풍성한 하나님의 은혜를 고백합니다.

우리가 살아가는 세상은 '나'에게 집중하라고 강조합니다. 우선 내가 잘돼야 하고, 내가 성공해야 한다고 합니다. 그렇지 못한 인생은 의미가 없다고 겁을 줍니다. 그래서 세상은 늘 살얼음

판을 걷는 것 같고 경쟁으로 가득합니다. 동료라고 생각했는데 어느 순간 내 인생에 상처를 주기도 합니다. 다 자기 자신에게만 집중하고 내 인생만 생각하기 때문입니다.

그러나 하나님은 '나'에게만 집중하라고 말씀하지 않습니다. 내 곁에 있는 사람에게도 집중하라고 말씀합니다. 내 옆 사람은 경쟁자가 아니라 하나님 나라를 세워가는 동역의 대상이자 사랑의 대상이기 때문입니다.

바울이 선교 여행을 다니며, 수많은 사람을 복음 앞으로 이끌 수 있었던 것은 하나님이 허락하신 만남의 축복 때문입니다. 서로를 향한 사랑으로 동역했더니 많은 열매가 그들을 기다리고 있었습니다. 우리도 이런 동역의 기쁨을 맛보아야 합니다. 하나님께서 우리가 만나야 할 사람을 만나게 하시고, 피해야 할 관계를 피할 수 있는 은혜를 부어 주시기를 소망합니다.

찬양_ 510장(하나님의 진리 등대)

하나님의 소원, 축복

그들은 이같이 내 이름으로 이스라엘 자손에게 축복할지니 내가 그
들에게 복을 주리라 민수기 6:27

70대 노부부가 밭에서 일하다가 요술 램프를 발견했습
니다. 요술 램프를 문지르자 요정이 나와서 소원을 하나
씩 들어주겠다고 합니다. 할머니가 먼저 소원을 빌었습니다. "지
금처럼 우리 둘 다 건강하고 행복하게 살게 해주세요." 다음으
로 할아버지가 소원을 빌었습니다. "나보다 30살 어린 여자와
살게 해주세요." 요정은 노부부의 소원을 들어주었습니다. 그래
서 할아버지를 100살로 만들었습니다.

누구에게나 소원이 있습니다. 하나님께는 어떤 소원이 있을
까요? 민수기 6장 27절이 하나님의 소원일 것 같습니다. 바로
서로서로를 축복하는 삶입니다.

하나님은 혼자만의 기준과 시선으로, 자신만을 위해 살아가
도록 인간을 창조하지 않았습니다. 모든 인간은 관계 속에서 삶
의 이유와 진정한 행복을 찾을 수 있습니다. 그래서 성경에도
'서로 사랑하라'는 권면이 있는 것입니다.

빠르게 변화하는 세상 속에서, 내가 아닌 남을 생각하고 배려한다는 것이 참으로 어려운 일이 되었습니다. 하나님이 내게 허락하신 만남과 공동체는 나를 하나님의 사람으로 더 빛나게 하고, 서로를 통해 우리 안에 있는 하나님을 발견하기 위해서입니다. 때때로 우리는 하나님이 허락하신 관계를 너무 쉽게 등지고 깨기도 합니다.

하나님은 아론과 그의 후손에게 이스라엘 자손을 축복하라고 명령합니다. 비록 그들이 광야에서 하나님을 거역하고, 자기 뜻대로 살지라도 그들을 기꺼이 축복하라고 명령합니다. 왜냐하면 이스라엘 백성을 향한 하나님의 기본적인 마음과 소원은 저주와 징벌이 아니라 사랑과 축복이기 때문입니다. 하나님의 소원은 서로서로 하나님의 마음을 담아 사랑하고 축복하는 것입니다. 가까운 사람들을 하나님의 이름으로 축복하는 복 된 하루를 살아갑시다.

찬양_ 370장(주 안에 있는 나에게)

하나님의 손

여호와께서 그에게 이르시되 네 손에 있는 것이 무엇이냐? 그가 이르
되 지팡이니이다 출애굽기 4:2

 하나님께서 부르셨을 때, 모세는 바로 순종하지 못했습니다. 하나님은 모세를 포기하지 않으시고 하나님의 일꾼으로 사용하셨습니다. 전적인 하나님의 사랑과 은혜가 있었기 때문에 가능한 일입니다. 하나님의 사랑과 은혜는 모세뿐만 아니라 우리도 포기하지 않으십니다.

출애굽기 3장을 읽어 보면 하나님의 부르심 앞에 모세는 다양한 변명과 걱정만 이야기하고, 순종하겠다고는 대답하지 않습니다. 오히려 모세를 설득하기 위해 하나님이 구구절절 자세하게 말씀하시며 위로하시고 상황을 설명해 주시는 모습을 볼 수 있습니다.

모세 같은 사람과 일을 한다면 참 피곤할 것 같습니다. 비전과 미래를 제시해도 이 핑계 저 핑계를 대며, 못하겠다고 하기 때문입니다. 일할 사람이 모세만 있는 것도 아니고, 다른 유능한 인재를 찾을 수도 있었겠지만, 하나님은 모세를 포기하지 않습

니다.

그리고 결정적으로 모세를 순종의 사람으로 변화시킨 질문이 출애굽기 4장 2절에 나옵니다. 하나님은 모세의 손에 지팡이가 있음을 알게 하려고 네 손에 있는 것이 무엇이냐는 질문을 하십니다. 지팡이의 변화를 통해 자신을 드러내시고, 모세를 순종의 사람으로 만드십니다.

하나님의 일을 한다는 것은, 지금 내가 가지고 있는 것을 인식하는 것에서부터 출발합니다. 내가 가진 것이 아무리 평범해도 하나님이 함께하시는 순간 특별한 것이 되기 때문입니다. 믿음의 사람은 내가 가진 무엇으로 사는 것이 아니라, 하나님과 함께 사는 사람입니다. 모세는 자신의 부족함을 바라보느라, 대화하던 하나님을 잊었습니다. 그러나 전지전능한 하나님이 자신과 함께하심을 인식하는 순간 순종의 자리로 나아갔습니다.

이런저런 이유로 나와 함께하신 하나님을 잊고 살지는 않습니까? 나의 부족함보다 함께하시는 하나님께 집중하기 바랍니다. 나의 부족함을 통해서도 일하시는 하나님의 은혜가 풍성하게 임할 것입니다.

찬양_ 374장(나의 믿음 약할 때)

결국 믿음입니다

예수께서 그들의 믿음을 보시고 중풍병자에게 이르시되 작은 자야
네 죄 사함을 받았느니라 하시니 마가복음 2:5

 모든 병자는 아픈 몸이 치료되는 것을 꿈꿉니다. 그래서
병원도 가고, 약도 먹고, 수술도 받고, 좋다는 것은 다 합
니다. 중풍은 혼자 자유롭게 움직이기에는 제약이 있는 병입니
다. 늘 누군가의 도움을 받아야 합니다. 성경 속 중풍 병자도 네
친구의 도움으로 예수님이 계신 곳에 왔습니다. 그러나 예수님
이 계신 집은 이미 문전성시를 이루었습니다. 큰 결심과 친구들
의 도움으로 여기까지 왔는데 예수님을 만나지 못할 상황이 그
들 앞에 놓여 있습니다.

그들은 무모해 보이는 행동을 합니다. 예수님이 계신 집의 지
붕을 뚫고 친구의 침상에 줄을 달아 내리는 것입니다. 대단한 믿
음처럼 보이지만, 집주인이 기물파손과 무단침입의 죄를 물을
수도 있는 어이없는 상황입니다. 무모해 보이는 네 친구의 행동
과 결정으로 예수님은 중풍 병자의 병을 고치시고 죄 사함을 선
포하셨습니다.

성경 어디에도 중풍 병자의 믿음에 대한 기록은 없습니다. 중풍 병자가 나음을 입은 건 '그들의 믿음'을 보신 예수님의 결정입니다. 친구들의 믿음이 믿음 없는 중풍 병자를 살린 것입니다. 예수님이 보신 건 누가 믿음이 있느냐가 아니라, 믿음이 있느냐 없느냐의 존재 여부입니다.

우리 가족 중에 믿음을 잃어버렸거나 낙심한 이가 있습니다. 그들의 믿음 없음을 탓하기 전에 친구들의 믿음을 보시고 역사하신 예수님을 기억하며, 나의 믿음을 점검해야 합니다. 내가 믿음의 주요 온전하게 하시는 예수를 제대로 바라보고 있을 때, 예수님은 나의 믿음을 통해서도 믿지 않는 우리 가족에게 은혜를 주실 것입니다. 결국 믿음입니다.

찬양_ 357장(주 믿는 사람 일어나)

예수님, 만나주세요

나다나엘이 이르되 나사렛에서 무슨 선한 것이 날 수 있느냐? 빌립이
이르되 와서 보라 하니라 요한복음 1:46

미켈란젤로의 그림 '최후의 심판' 중심에는 세상을 심판
하시는 예수님이 있습니다. 예수님의 왼쪽 발아래에는
걸레 같은 천을 들고 있는 한 사람이 있는데 그는 나다나엘입니
다. 전승에 의하면 나다나엘은 복음을 전하다가 산 채로 살가죽
이 벗겨지고 머리가 베어지는 순교를 했다고 합니다. 나다나엘
이 자신의 살가죽을 들고 예수님 발아래에 있는 것입니다.

나다나엘이 예수님을 처음 만났을 때는 다소 냉소적인 사람
이었습니다. 빌립이 예수님을 나사렛에서 태어난 사람이라고 소
개합니다. 그러자 나다나엘은 예수님을 만나보지도 않고, 그분
의 출생지가 '나사렛'이라는 이유만으로 낮게 평가합니다. 그런
나다나엘도 나사렛 갈릴리 출신입니다.

냉소적인 나다나엘에게 빌립은 '와서 보라'고 말합니다. 사람
들이 정해 놓은 규정이나 내 생각이 아니라 신앙은 직접 예수님
을 향해 나아가야 하고 경험해야 합니다. 그런 나다나엘도 예수

님을 만난 이후 급격하게 변합니다. 요한복음 1장 49절에서 예수님의 영적 통찰력을 경험한 나다나엘이 '당신은 하나님의 아들'이라고 고백합니다. 이 고백은 예수님을 만난 지 오래된 베드로의 고백입니다. 그런데 예수님을 처음 만난 그 자리에서 나다나엘은 예수님이 하나님의 아들이심을 고백합니다. 신앙과 교회에 대해 무관심하고 자기만의 세상에 갇혀 있었지만, 예수님을 만난 순간 주님에게 뜨거운 고백을 한 것입니다.

예수님을 만난 나다나엘은 살가죽이 벗겨지는 순간까지 주님의 복음을 전할 만큼 그 누구보다 뜨거운 신앙의 소유자였습니다. 예수님을 만나는 것이 그래서 중요합니다. 교회에 대해, 예수님에 대해 비판적인 사람들이 예수님을 경험하도록 끝까지 기도해야 합니다. 지금은 무관심하고 쌀쌀하지만, 하나님의 은혜로 그 누구보다 뜨거운 신앙의 소유자로 변화될 수 있기 때문입니다.

찬양_ 338장(내 주를 가까이)

하나님의 약속

무지개가 구름 사이에 있으리니 내가 보고 나 하나님과 모든 육체를
가진 땅의 모든 생물 사이의 영원한 언약을 기억하리라 창세기 9:16

 여름의 긴 장마와 태풍 속에서 만나는 무지개는 그 자체
만으로 하나님께서 주시는 선물 같습니다. 맑은 하늘과
선명한 무지개처럼 우리 인생도 그러할 것이라는 하나님의 약
속인 듯합니다.

하나님은 무지개를 증표로 노아와 언약(약속)을 맺으셨습니
다. 다시는 물로 세상을 심판하지 않겠다는 약속입니다. 무지개
가 뜨면 인간은 하나님의 언약을 떠올리고, 하나님도 무지개를
보고 노아와의 언약을 기억하겠다고 하십니다. 무지개는 새로운
출발을 알리는 시작이자, 기대와 설레임의 상징입니다.

하나님은 우리와 언약을 맺으셨습니다. 하나님 편에서는 그
분의 백성을 절대적으로 보호하고 축복해야 하는 의무가 있고,
인간 편에서는 하나님의 율법(말씀)을 지키고 순종해야 하는 의
무가 있습니다.

감사한 것은 인간을 향한 하나님의 언약은 늘 희망적입니다.

바벨론 포로로 잡혀가던 백성을 향해서도 "너희를 향한 나의 생각은 평안이요 재앙이 아니라"고 말씀하시며 "미래와 희망을 주길 원한다"라고 말씀하십니다. 가나안 땅을 향해 나아가는 여호수아에게 하나님은 "두려워 말며 놀라지 말라. 네가 어디로 가든지 네 하나님 여호와가 너와 함께하겠다"고 약속하십니다. 노아와의 무지개 언약은 다시는 물로 이 세상을 심판하지 않겠다는 평화와 용서의 언약입니다.

이렇듯 하나님의 언약은 늘 우리에게 더 좋은 것을 주시고, 우리의 행복과 즐거움을 약속하고 있습니다. 이 언약과 약속은 지금도 여전히 유효합니다. 하나님은 오늘도 우리의 어깨가 펴지길 원하고, 흐르는 눈물이 그치길 원하며, 한숨이 변하여 찬송이 되기를 원하십니다. 그리고 그런 삶을 약속하셨습니다.

찬양_ 370장(주 안에 있는 나에게)

하나님이 보내셨으니

두 사람이 성령의 보내심을 받아 실루기아에 내려가 거기서 배 타고 구브로에 가서 **사도행전 13:4**

 안디옥 교회의 영적 지도자 바나바와 바울은 사역을 열정적으로 감당한 후, 이방 땅으로 전도 여행을 떠납니다. 안디옥 교회 교인들이 그들을 위해 기도하고, 믿지 않는 영혼들을 향한 사랑의 물길을 터 주었습니다.

그런데 성경은 바나바와 바울의 전도 여행에 대해 '안디옥 교회의 파송을 받았다'라고 하지 않고 '성령의 보내심을 받았다'라고 말합니다.

사원이 출장을 가면 회사에서는 필요한 것들을 물심양면으로 지원합니다. 왜냐하면 회사와 사원 사이에 계약이 있고, 사원은 회사 소속이기 때문입니다. 마찬가지로 우리는 하나님이라는 온 세상의 주인께 속한 하늘의 사람들입니다. 그래서 하나님은 우리를 각자의 사명의 자리로 보내셨고, 그 자리에서 필요한 것을 도우시고 책임지십니다.

성령 하나님의 보내심을 받아 전도 여행을 떠난 바울은 늘 하나님의 인도와 능력을 경험했습니다. 구브로의 바보라는 지역에서 그들은 바예수라는 사람을 만납니다. 그는 유대인으로 거짓 선지자였습니다. 바나바와 바울이 복음을 전해야 하는 세상은 바예수로 상징되는 거짓이 난무한 세상입니다. 하나님은 거짓이 난무하는 세상 한복판으로 바나바와 바울 그리고 우리를 보내셨습니다.

뱀이 거짓말로 아담과 하와를 죄짓게 했던 것처럼, 오늘도 거짓이 가득한 세상은 우리와 하나님 사이를 멀어지게 하려 합니다. 거짓 세상의 한복판에서 우리가 참과 거짓을 구별하며 살 수 있는 유일한 방법은 거짓에 집중하는 것이 아니라, 참 진리인 하나님 말씀을 가까이하는 것입니다. 사도행전 13장 7절에서 총독 서기오 바울이 바나바와 바울을 불러 하나님의 말씀을 들었습니다. 성경은 말씀을 가까이하는 그를 향해 지혜 있는 사람이라고 말합니다.

하나님께 속한 우리는 하나님이 보내셨으니, 하나님이 전적으로 책임지실 것입니다. 더불어 거짓된 세상에서 하나님의 말씀을 가까이하며 살아갈 때, 거짓과 참을 분별하는 영적 통찰력을 얻고, 지혜 있는 사람이 될 것입니다.

찬양_ 585장(내 주는 강한 성이요)

무엇으로 심든지 그대로 거두리라

스스로 속이지 말라. 하나님은 업신여김을 받지 아니하시나니, 사람
이 무엇으로 심든지 그대로 거두리라 갈라디아서 6:7

 어느 모델이 이런 이야기를 했습니다. "몸은 세상에서
가장 공평합니다. 내가 열심히 노력하면 체형이 변하고,
한없이 게을러져도 체형이 변하기 때문입니다."

바울의 말과 모델의 말은 일맥상통합니다. 바울은 우리가 심
은 대로 거둘 것이라고 이야기하며, 갈라디아서 6장에서 몇 가
지 심어야 할 것들을 소개합니다.

첫째, 말씀을 심어야 합니다. 갈라디아서 6장 6절에 말씀을
가르치는 사람과 가르침을 받는 사람이 등장합니다. 교회는 말
씀을 가르치고 배우는 열정으로 분주해야 합니다. 말씀을 심어
야 그 말씀이 나의 심령을 감동해서 우리의 삶이 변화됩니다. 하
나님 말씀으로 우리를 비추는 회개와 돌아봄의 시간이 없다면
거듭나기 어렵습니다. 그래서 영적 밥 먹기를 게을리해서는 안
됩니다.

둘째, 믿음을 심어야 합니다. 갈라디아서 6장 8절에 육체를

위해 심으면 썩어질 것을 거두고, 성령을 위해 심는 자는 영생을 거둔다고 말합니다. 영원한 생명은 죽음을 이기시고 부활하신 죽음조차 언제든지 통제할 수 있는 하나님이 우리에게 주시는 선물입니다. 베드로전서 1장 9절은 믿음의 결국은 영혼의 구원 이라고 말합니다. 영생이란 예수 그리스도를 믿는 자들에게 주어지는 하나님의 선물입니다. 영원한 것은 없고 그저 오늘을 즐기라는 세상의 풍조 속에서 영생의 소망을 심는 일에 게을러서는 안 됩니다.

셋째, 선행을 심어야 합니다. 갈라디아서 6장 10절에서 기회 있는 대로 착한 일을 하라고 말합니다. 신명기에는 구제를 위한 십일조를 따로 드려야 할 정도로 하나님은 사회적 약자들의 편을 드셨습니다. 우리는 우리의 이웃과 약자를 돌보고 사랑해야 합니다. 그것이 물질적이든 정서적인 지지이든, 그리스도인은 나라는 범위를 벗어나 베풀고 나누며 선행을 심는 자들입니다. 바울의 입을 통해 하나님은 우리에게 말씀과 믿음과 선행을 심으라고 명하십니다. 그 명령에 순종하며 살 때, 하나님은 반드시 우리를 축복하실 것입니다.

찬양 _ 217장(하나님이 말씀하시기를)

여호와는 나의 목자시니

여호와는 나의 목자시니 내게 부족함이 없으리로다 시편 23:1

 구약 성경과 신약 성경에는 하나님과 예수님을 설명할 때 어김없이 목자와 양이 등장합니다. 이스라엘 사람들에게 목축은 굉장히 중요한 삶의 일부분이기 때문입니다.

요셉은 아버지 야곱과 가족들을 목축하기에 좋은 고센 땅으로 초대했습니다. 요한복음 10장에서 예수님은 자신을 '선한 목자'라고 소개합니다. 누가복음에는 아기 예수님께 목자들이 찾아옵니다. 이스라엘 사람들에게 목자와 양의 관계로 설명하면 쉽게 이해했을 것입니다.

여호와 하나님은 우리 인생의 목자입니다. 그리고 우리는 그분의 양입니다. 이 관계를 인정해야 합니다. 주객이 전도되어 내가 목자가 되고, 하나님이 양이 되는 순간 우리는 내가 주인인 삶, 하나님이 필요 없는 교만한 삶의 길을 가게 됩니다. 내가 목자가 되어 인생을 개척하는 것은 책임감이 강하거나 리더십이 있는 것이 아닙니다. 그것은 내가 하나님의 자리를 대체하려는 죄입니다.

에덴동산에서 뱀은 아담과 하와에게 부족함을 인식하게 했습니다. 이미 하나님은 아담과 하와에게 선악과를 제외한 모든 것을 먹을 수 있고 다스릴 수 있는 은혜를 주셨습니다. 그러나 뱀은 이미 받은 수많은 것보다 금지된 하나에 집중하게 했습니다.

결국 부족함의 문제를 해결하기 위해 선악과를 먹은 그 순간 세상에 죄가 스며들어 옵니다. 내가 인생의 주인이 되고, 하나님이 아닌 다른 것을 따랐던 교만과 불신의 결과입니다. 부족함의 문제는 절대 스스로 해결할 수 없습니다. 하나님의 입히시고 도우시는 은혜로만 채워질 수 있습니다.

찬양_ 569장(선한 목자 되신 우리 주)

돌보시는 하나님

광야에서 약 사십 년간 그들의 소행을 참으시고 **사도행전 13:18**

이집트에서 노예로 살아가던 이스라엘 백성을 자비로운 하나님이 구해 내십니다. 그리고 아브라함에게 약속하신 언약을 성취하기 위해 광야를 지나 가나안으로 그들을 인도하십니다.

그러나 광야에서 보여 준 이스라엘 백성의 태도는 실망스러웠습니다. 노예 신분에서 하나님 나라의 언약 성취의 주인공이 되어 가나안 땅으로 가고 있는데도 그들의 노예근성은 쉽게 고쳐지지 않았습니다. 늘 수동적이고 오히려 이집트를 그리워했습니다. 하나님 마음에 대못을 한두 번 박은 것이 아닙니다. 그들의 불순종 때문에 출애굽 1세대는 가나안 땅에 들어가지 못했습니다.

광야 생활은 불순종이 일상이었습니다. 그런 그들의 40년 광야 생활을 하나님은 참으셨습니다. 그들의 불순종과 반복되는 죄에도 불구하고 하나님은 40년 동안 참으시고 또 참으셨습니다. 40년을 참았다는 것은 40년 동안 포기하지 않았다는 것입니다. 하나님께서 40년간 문제의 답을 알려줘도, 같은 문제로 계속 넘어지는 그들을 절대 포기하지 않았습니다.

세상에서는 결과가 좋지 않고, 실적이 나지 않고, 기준을 만족시키지 못하면 버려집니다. 포기해 버립니다. 다른 인물을 찾습니다. 그러나 하나님은 우리의 반복되는 연약함에도 대체할 사람을 찾지 않으시고 끝까지 우리의 손을 놓지 않으십니다.

《현대인의 성경》과 《메시지 성경》은 '참으셨다'를 '돌봐주셨다'라고 표현합니다. 40년간 반복된 실수와 부족함에도 하나님은 이스라엘 백성을 포기하지 않고 끝까지 참으셨습니다. 마찬가지로 우리의 연약함 때문에 하나님이 우리를 포기하는 일은 없습니다. 오히려 하나님은 어떤 상황에서도 우리 인생을 응원하고 지지하고 참고 포기하지 않고 돌봐주십니다. 포기하지 않는 하나님 앞에서 우리가 먼저 포기해서는 안 됩니다.

찬양_ 488장(이 몸의 소망 무언가)

멸하시는 하나님

가나안 땅 일곱 족속을 멸하사 그 땅을 기업으로 주시기까지 약 사백 오십 년간이라 사도행전 13:19

 40년 광야 생활 후 이스라엘은 가나안 땅에 입성했습니다. 하나님은 가나안의 일곱 족속을 멸하시고 그 땅을 이스라엘에 분배하셨습니다.

신명기 4장 24절에 "네 하나님 여호와는 소멸하는 불이시라", 히브리서 12장 29절에는 "우리 하나님은 소멸하는 불이다"라고 말합니다. 죄인들, 하나님과 반대편에 서기로 작정한 자들에게 하나님은 멸망을 선포하십니다. 거룩하신 하나님과 죄는 공존할 수 없기 때문입니다. 그래서 아담과 하와는 죄를 지은 후 에덴동산에서 쫓겨났습니다. 가나안 일곱 족속이 멸망한 이유를 성경은 "가나안 땅의 죄가 가득 찼기에"라고 말합니다.

이렇듯 하나님은 죄에 대해서 단호하십니다. 우리는 잘못과 죄를 말씀과 기도로 성찰하고, 하나님 앞에 회개함으로 겸손히 살아가야 합니다. 더불어 우리는 '명하시는 하나님'을 만납니다. 약속의 땅에 입성한 이스라엘 민족에게 하나님은 지금까지와는 다른 새로운 삶의 태도를 명하십니다.

가나안 땅 정탐을 다녀온 열 명은 모두 부정적인 보고만 합니다. 그런데 다른 보고도 있습니다. "당신이 우리를 보낸 땅에 간즉 과연 그 땅에 젖과 꿀이 흐르는데…" 열 명의 정탐꾼은 하나님이 약속하신 그 땅을 직접 눈으로 본 사람들입니다. 하나님의 약속을 먼저 확인한 것입니다. 그러나 믿음으로 보지 않고 육의 눈으로 그 땅의 거인들과 지형을 바라봤습니다.

하나님은 가나안 일곱 족속과 더불어 이스라엘의 불신앙도 함께 멸하셨습니다. 가나안에서는 믿음의 눈으로 약속을 붙들며 살라는 새로운 삶의 자세를 명하십니다. 이 명령은 오늘도 여전히 우리 귀에 속삭이시는 하나님의 음성입니다. 가나안의 지형과 거인을 보는 눈의 신앙이 아닌, 믿음의 눈으로 젖과 꿀이 있는 하나님의 약속을 붙잡는 믿음의 신앙을 소유해야 합니다.

찬양 _ 301장(지금까지 지내온 것)

주시는 하나님

하나님이 약속하신 대로 이 사람의 후손에서 이스라엘을 위하여 구주를 세우셨으니, 곧 예수라 사도행전 13:23

 사도행전 13장 19절부터 23절에는 '주셨다', '세우셨다'는 표현이 무려 다섯 번이나 등장합니다. 매 절마다 하나님이 주신 이야기, 세우신 이야기가 등장합니다. 하나님은 주시고 이스라엘은 받는 이야기입니다.

첫째, 하나님은 가나안 '땅'을 주십니다. 가나안 땅은 40년 광야 생활이 끝난 곳입니다. 430년을 산 이집트를 떠나 자유를 얻은 곳입니다. 하루하루 길을 걷던 불편함이 끝나고 안정된 정착을 이룬 곳입니다. 젖과 꿀이 흐르는 땅으로 인도하시겠다는 하나님의 약속이 성취된 은혜의 땅입니다. 하나님은 우리에게 안정, 평안, 은혜를 주십니다.

둘째, 하나님은 '사사'를 주십니다. 가나안 땅에 정착은 했지만, 블레셋, 미디안 같은 이방 민족의 침략에 이스라엘은 늘 노심초사했고 불안에 떨었습니다. 평온할 줄 알았던 삶에 예기치 못한 문제와 파도, 청천벽력과 같은 절망이 수시로 찾아왔습니다. 하나님은 그들에게 사사를 주셔서 어려움을 끝내시고 해결해 주십니다. 하나님은 오늘도 우리의 삶에 있는 미디안, 블레셋을 물리치기 위해 사사를 주십니다. 하나님이 주실 사사를 통해 우리 일상이 제자리로 돌아가고, 평화롭게 되기를 바라십니다.

셋째, 하나님은 '왕'을 주십니다. 그런데 이 왕은 이스라엘 백성이 요구했기에 주신 것입니다. 잦은 이방 민족들의 침략이 다스리는 왕이 없기 때문이라고 생각한 것입니다. 백성의 요구에 왕을 허락하셨지만, 초대 왕 사울은 비참한 결말을 맞이합니다.

하나님의 은혜에 만족하지 못할 때, 생각지도 못한 결과가 오기도 합니다. 그러므로 우리는 늘 하나님이 주신 것에 만족하며, 하나님 한 분이면 충분하다고 고백해야 합니다. 땅을 주시고, 사사를 주시고, 왕을 주시는 하나님의 은혜를 잊지 않고 이 하루도 감사하며 살기를 소망합니다.

찬양_ 288장(예수를 나의 구주 삼고)

세우시는 하나님

폐하시고 다윗을 왕으로 세우시고 증언하여 이르시되, 내가 이새의
아들 다윗을 만나니 내 마음에 맞는 사람이라. 내 뜻을 다 이루리라
하시더니 사도행전 13:22

하나님은 사울 왕을 폐하시고 다윗을 왕으로 세우셨습
니다. 우리는 사도행전 13장 22절에서 하나님의 두 마음
을 느낄 수 있습니다.

첫째, '폐하시고'입니다. 하나님은 사울 왕을 폐하셨습니다.
이는 이스라엘 1대 왕 사울이라는 한 인물을 폐하신 것이 아닙
니다. 하나님의 수많은 은혜에도 불구하고 하나님만으로 만족
하지 못하고, 인간 왕을 요구하고 자신들의 눈과 귀와 옳은 대로
요구했던 이스라엘 민족의 교만과 죄악을 폐하신 것입니다.

사울 왕이 세워졌을 때 이제 형통할 것이라고 생각했을 것입
니다. 그러나 선 줄로 여길 때 넘어질까 조심해야 합니다. 그들
에게 왕이 있어서 형통할 것 같았지만, 사울은 폐위됩니다. 인간
의 판단과 결정이 일시적으로는 옳아 보일 수 있습니다. 그러나
결정의 이면에 하나님이 없다면 삼일천하가 되고 맙니다.

둘째, '이새의 아들 다윗'입니다. 사울이 요나단에게 다윗을 죽이라고 명령할 때 다윗을 '이새의 아들'이라고 부릅니다. 멸시하고 저주하는 표현입니다. 하지만 오늘 본문의 '이새의 아들'은 그와 다릅니다. 당시에는 8형제 중 막내는 상속 받을 유산이 없습니다. 소망을 갖기 어렵습니다. 더구나 그의 뿌리에는 이방 민족인 모압 출신 룻이 있습니다. 천대 받던 이방 민족의 뿌리이자 막내인 다윗은 가장 낮고 약한 자였습니다.

그러나 하나님은 가장 낮고 약한 다윗을 가장 높은 왕으로 세우셨습니다. 하나님이 쓰시기로 작정하는 순간 모든 환경은 하나님을 드러내는 도구가 됩니다. 하나님이 세우신 인생은 복되고 복됩니다.

찬양 _ 301장(지금까지 지내 온 것)

하나님이 정답입니다

여러분에게 복음을 전하는 것은, 이런 헛된 일을 버리고 천지와 바다와 그 가운데 만물을 지으시고 살아 계신 하나님께로 돌아오게 함이라 사도행전 14:15

 루스드라에서 바울과 바나바는 기존의 사역과는 다른 치유 사역을 합니다. 날 때부터 앉은뱅이였던 사람이 복음을 듣고 믿기로 작정하자, 하나님의 신비한 권능으로 일어나 걷게 됩니다. 이 소식은 순식간에 퍼져 나갔습니다. 기적을 본 주변 사람들은 너무 놀라서 평상시 사용하는 헬라어가 아니라 루가오니아 지역 방언으로 소리쳤습니다. 바나바와 바울을 만난 앉은뱅이가 걷게 된 기적은 그들에게 큰 충격이었습니다.

많은 이들이 바울과 바나바를 신이라 여기고 그들을 향해 절하고 예배하려고 했습니다. 그러자 바나바와 바울은 딱 한 마디를 합니다. "우리도 여러분과 같은 성정을 가진 사람이라."

앉은뱅이가 일어난 것은 하나님의 능력이 자신들을 통해서 나타났을 뿐이라는 것입니다. 우리도 당신들처럼 같은 성질과 마음씨를 가졌다는 것입니다. 그리고 그들에게 살아 계신 하나님께로 돌아올 것을 권면합니다.

그들은 평범한 사람이고, 그들이 찾는 진정한 신은 하나님 한 분 뿐임을 증언합니다. 대부분의 사람은 눈에 보이고, 지금 내 앞에 있고 특별한 것에 관심이 있습니다. 그런 것들은 모두 일시적인 것입니다. 성도는 하나님만이 정답임을 고백하며 사는 사람입니다.

정말 중요한 것은 보이지 않는 곳에서 보이는 현실을 다스리고 책임지는 하늘 아버지의 섭리와 은혜를 간구하는 것입니다. 보이지 않는 곳에서 보이는 현실을 주관하시는 하나님, 그분이 먹이시고 돌보시며 입히시고 채우시는 은혜가 우리 모두에게 임하기를 기도합니다.

찬양_ 하나님께로 더 가까이 갑니다

거기서도 복음을 전하니라

거기서 복음을 전하니라 **사도행전 14:7**

 안디옥 교회 파송을 받은 바나바와 바울은 첫 번째로 비시디아 안디옥을 들러 이고니온으로 이동합니다. 이고니온에서의 전도는 쉽지 않았습니다. 영적 전쟁이 치열했기 때문입니다. 특별히 믿는 자들과 믿지 않는 자들의 말을 통한 영적 전쟁이 치열했습니다.

우선 바나바와 바울의 말을 살펴볼까요? 오늘 본문은 지속해서 바나바와 바울이 '말했다'는 행동을 보여 줍니다. 그들이 무엇을 말했을까요? 예수님이 하나님의 아들이심, 그분의 십자가, 예수님에 관한 이야기를 선포했습니다. 감사하게도 복음의 말을 들은 많은 이들이 죄에서 돌이켜 믿음에 이르렀습니다.

그러나 한 편에서는 다른 부류의 말을 하는 이들이 있습니다. 성경은 그들에 대해 '순종하지 아니하는 자들'이라고 표현합니다. 복음을 들었지만, 그 말과 메시지에 순종하지 않는 이들입니다. 오히려 복음을 선포하고 믿음으로 살아가는 바울과 바나바에 대한 가짜 뉴스, 악담을 퍼부으며 두 제자를 멀리하도록 선동

했습니다.

비시디아 안디옥과 더불어 이고니온에서도 열심히 믿음에 따라 순종한 바나바와 바울을 기다린 것은 근거 없는 소문과 뒷이야기, 실질적인 위협들입니다. 이는 그리스도인으로 살아가는 우리가 마주할 것이기도 합니다. 이고니온을 떠난 그들은 다른 지역에 도착해서 거기서도 여전히 복음을 전했습니다. 이것이 중요합니다.

그리스도인은 누명 썼다고, 신앙생활 하기가 불편하다고, 세상과 타협하고 복음의 끈을 쉽게 놓는 존재가 아닙니다. 여기서 핍박 받으면 저기서 믿음으로 사는 자들입니다. 여기에 눈물이 있다면 저기에는 웃게 하실 하나님의 권능이 있음을 믿는 자들입니다. 여기서 힘들 때 포기하지 않고 저기서 다시 믿음으로 살았던 바나바와 바울처럼, 때를 따라 도우시는 평강의 하나님을 기대하며 살아가야 합니다.

찬양_ 217장(하나님이 말씀하시기를)

걱정하지 마세요

그가 너를 그의 깃으로 덮으시리니 네가 그의 날개 아래에 피하리로다. 그의 진실함은 방패와 손 방패가 되시나니 시편 91:4

1904년, 미국의 월터 마틴 목사는 아내 시빌라와 아홉 살 된 아들을 데리고 레스터쉬 성경학교를 방문했습니다. 아내가 성경학교 교장과 찬송가를 집필 중이었기 때문입니다. 하지만 몸 상태가 좋지 못했던 시빌라는 곧 몸져누웠습니다.

마틴은 시빌라를 극진히 간호했습니다. 그러던 중 어느 교회에서 마틴 목사에게 주일 저녁 예배 설교를 부탁했습니다. 아픈 아내 때문에 거절하려는 그에게 아들이 "아빠, 아빠가 오늘 밤 해야 하는 설교가 하나님께서 원하시는 것이라면 하나님이 엄마를 지켜주시지 않을까요?"라고 말했습니다. 마틴은 이 말에 힘을 얻어 저녁 예배 설교를 하기로 했습니다.

남편이 떠난 후, 시빌라는 남편과 아들의 대화를 곰곰이 생각했습니다. 아들의 말처럼 남편이나 자신은 걱정할 것이 없었습니다. 하나님께서 돌보고 계심을 느꼈기 때문입니다. 시빌라는 느끼고 경험한 것을 쪽지에 적었습니다.

마틴 목사는 하나님의 은혜 가운데 예배를 잘 마치고 돌아왔습니다. 걱정과는 달리 아내는 환한 얼굴로 마틴 목사를 맞이했습니다. 그리고 쪽지를 건넸습니다. 마틴 목사는 단숨에 읽었고 큰 감명을 받았습니다. 곧이어 그는 오선지에 음표를 그렸습니다. 이들이 작사, 작곡한 곡이 바로 우리가 즐겨 부르는 찬송가 382장 '너 근심 걱정 말아라' 입니다.

어려운 상황에서 소망을 갖기는 쉽지 않습니다. 지금의 문제가 소망보다 더 크다고 생각하기 때문입니다. 그런데 절대 소망을 가질 수 없다는 생각이 바뀔 때가 있습니다. 지금 겪는 어려움보다 더 큰 소망을 발견할 때입니다.

하나님은 오늘 우리에게 "근심 걱정 말아라"고 말씀하십니다. 하나님을 향해 소망을 갖게 하십니다. 어떤 어려움도 하나님의 보호하심을 절대 넘지 못합니다.

찬양_ 382장(너 근심 걱정 말아라)

하나님의 영향을 받는 성도

세계가 다 내게 속하였나니 너희가 내 말을 잘 듣고 내 언약을 지키면
너희는 모든 민족 중에서 내 소유가 되겠고, 너희가 내게 대하여 제사
장 나라가 되며 거룩한 백성이 되리라. 너는 이 말을 이스라엘 자손에
게 전할지니라 출애굽기 19:5-6

요즘 초등학생들의 직업 선호도 조사 결과입니다. 3위는
크리에이터유튜버입니다. 그동안 학생들이 가장 선호하는
직업 1위는 교사였지만, 지금은 2위입니다. 그리고 대망의 1위
는 운동선수입니다.

이 조사 결과를 보고 개인적으로 한 생각은 학생들의 삶과 생
각에 가장 많은 영향력을 행사하는 것은 주변 환경이라는 것입
니다. 운동선수를 제외한 교사, 크리에이터는 분명 학생들이 삶
속에서 쉽게, 그리고 가장 많이 접하고 있는 직업군입니다. 학생
들은 아침에 등교하면 짧게는 반나절, 길게는 한나절을 선생님
들과 함께 있습니다.

학생들이 학교와 학원 등 모든 일정을 마치고 귀가한 후에는
보통 스마트폰으로 유튜브를 시청합니다. 학생들의 직업 선호도

조사에서 교사, 크리에이터가 상위권을 차지한 것은 결코 우연이 아닙니다. 쉽게 접할 수 있는 유튜브가 학생들에게 많은 영향을 미치는 세상입니다. 무엇보다 요즘 학생들은 변화에 빨리 반응하고 적응합니다.

하나님은 "내 말을 잘 듣고, 내 언약을 지키면 너희가 거룩한 백성이 될 것이라"고 말씀하십니다. 삶 속에서 하나님의 말씀을 잘 듣고 지키는 노력이 있어야 하나님의 백성이 될 수 있습니다. 하나님에게 많은 영향을 받아야 하나님의 사람이 될 수 있습니다.

오늘 하루를 살아내는 동안 하나님께 많은 영향을 받았으면 좋겠습니다. 시간을 할애해서 하나님을 묵상하는 시간을 가지면 좋겠습니다. 차 안이나 방을 활용해 기도하는 장소를 구별하는 것도 좋은 방법입니다. 우리 모두 하나님의 거룩한 백성, 특별한 사람이 되었으면 좋겠습니다.

찬양_ 540장(주의 음성을 내가 들으니)

푯대

형제들아! 나는 아직 내가 잡은 줄로 여기지 아니하고 오직 한 일 즉 뒤에 있는 것은 잊어버리고 앞에 있는 것을 잡으려고 푯대를 향하여 그리스도 예수 안에서 하나님이 위에서 부르신 부름의 상을 위하여 달려가노라 빌립보서 3:13-14

《알리바바와 40인의 도둑》 이야기입니다.

사건은 알리바바가 도둑들이 동굴 속에 숨겨 놓은 보물을 몰래 자신의 집으로 가지고 오는 것에서 시작됩니다. 보물이 없어진 사실을 안 도둑들은 사람들을 수소문하여 알리바바의 소행이라는 것과 그의 집을 알게 됩니다. 비슷한 집이 많았던지 도둑들은 알리바바의 집에 X자 표시를 하고 돌아갔습니다. 그런데 이 표시를 알리바바의 하인이 보게 됩니다. 하인은 무슨 표시인지 의아해하면서 마을 곳곳에 X자 표시를 해놓았습니다. 그날 밤 도둑들이 마을에 들어와 알리바바의 집을 찾았지만, X 표시가 너무 많아서 그의 집을 찾지 못하고 돌아갑니다.

우리 그리스도인은 하나님 나라를, 예수 그리스도의 모습과 행동을, 성령님의 가르침과 계시를 푯대 삼아 살아갑니다. 하지만 푯대를 분명히 보고 살아가는데도 길을 잃을 때도, 헤맬 때도 있습니다. 그것은 알리바바의 이야기처럼 사탄이 표시해 둔 수많은 X자 표시가 있기 때문입니다. 당장 해결해야 하는 일, 목숨을 걸어야만 하는 일, 나의 분명한 푯대를 잃어버릴 만큼 중요한 비중을 차지하는 또 다른 푯대들 때문입니다. 이러한 상황에서 우리는 갈 바를 알지 못하고 머뭇거리게 됩니다.

우리가 그리스도의 지식과 지혜대로 살지 않으면 우리의 푯대가 어디에 있는지, 우리가 무엇을 향해 걸어가고 있는지 알 수 없습니다. 그리스도인은 푯대가 분명해야 합니다. 그 분명함은 예수님께서 그분의 지혜대로 우리에게 계시해 주실 것입니다. 그 계시는 강한 불빛으로 뱃길을 안내해 주는 등대처럼 매우 분명할 것입니다. 이 분명한 불빛을 발견했을 때 하나님을 향한 믿음을 잃지 않고 분명하게, 힘차게 나아갈 수 있습니다.

찬양_ 524장(갈 길을 밝히 보이시니)

그리스도의 향기

우리는 구원 받는 자들에게나 망하는 자들에게나 하나님 앞에서 그리스도의 향기니 고린도후서 2:15

몽골에서 자원 사업을 하시는 아버지가 몽골 출장을 다녀오시면 아버지에게서 매캐한 석탄 냄새가 났습니다. 몽골의 수도 울란바토르에는 화력발전소가 많습니다. 발전된 기술을 보유하지 못한 몽골의 화력발전소는 많은 매연을 배출합니다. 특히나 영하 30~40도가 넘는 겨울이 되면 온 도시에 석탄이 타면서 나오는 매연으로 가득합니다. 몽골의 주민 대부분은 석탄으로 난방을 하며 그 추운 겨울을 납니다.

우리에게도 누군가로부터 많은 영향을 받아서 자연스럽게 나는 냄새가 있습니다. 감사하게도 성경에서는 우리를 '그리스도의 향기'라고 말합니다. 우리 삶 자체가 그리스도의 향기라는 것입니다. 그렇다면 우리가 있는 곳이 어딘지, 내가 지금 영향 받는 것이 무엇인지 아주 명확해집니다. 우리는 바로 그리스도와 함께하는 것이고, 예수 그리스도의 영향을 받고 있는 것입니다.

요즘 마음이 어렵고 답답합니까? 조금도 염려할 필요가 없습니다. 하나님은 우리의 삶을 통해 우리가 있는 모든 곳을 그리스도의 향기로 가득 채우실 것입니다. 우리의 모든 상황과 환경을 하나님의 은혜로 채워주실 것입니다. 우리는 그리스도의 향기임을 기억하며 날마다 하나님의 은혜가 불어오도록 삶을 환기하고 씻어내야 합니다. 하나님은 우리가 서 있는 곳을 위로와 평안의 장소로 바꾸실 것입니다.

하나님 나라를 기억하여 낙심보다는 확신을, 낙망보다는 소망을, 근심 대신 기쁨을 소유한 우리가 되면 좋겠습니다.

찬양_ 438장(내 영혼이 은총 입어)

믿음의 그릇

그 여인이 하나님의 사람에게 나아가서 말하니, 그가 이르되 너는 가서 기름을 팔아 빚을 갚고 남은 것으로 너와 네 두 아들이 생활하라 하였더라 **열왕기하 4:7**

 여호람 왕 시대에 북이스라엘은 아합 왕가의 바알 숭배를 벗어나지 못했습니다. 열왕기상에서 엘리야 선지자를 통해 보여 주듯이 북이스라엘은 하나님을 배반하고 죄악 된 길로 빠져들었습니다. 계속되는 북이스라엘의 바알 숭배 상황에서 엘리사는 스승 엘리야의 뒤를 이어 선지자로 활동하게 됩니다.

오늘 말씀에 등장하는 한 여인은 엘리사 선지자 제자의 아내입니다. 여인의 남편은 하나님을 경외하였고 하나님 말씀을 선포하는 사람이었습니다. 그러나 하나님의 사람들은 박해를 받았고 극심한 생활고까지 겪어야 했습니다. 이런 상황에서 여인의 남편은 두 아이만 남겨 두고 죽었습니다. 여인은 생각지도 못한 상황에 아들 둘과 먹고살 길이 막막했을 것입니다. 더구나 가정에는 빚까지 있었고, 그 빚 때문에 생떼같은 아이들이 팔려 가게 되었습니다. 여인이 할 수 있는 것은 아무것도 없었습니다. 그저 엘리사를 찾아가는 방법뿐입니다. 여인은 그를 통해 하나님의 도우심을 구해야 했습니다.

가난한 여인의 집에는 기름 그릇이 고작 하나밖에 없었습니다. 엘리사는 빌려서라도 많은 그릇을 준비하라고 말합니다. 여인이 빌린 그릇에 무슨 일이 일어났을까요? 하나님께서는 여인이 준비한 그릇에 기름을 넘치도록 부어 주셨습니다.

이 여인처럼 우리도 하나님께 부르짖어 은혜를 구해야 합니다. 여인은 많은 그릇을 준비했습니다. 이처럼 우리도 넉넉한 믿음의 그릇을 준비해야 합니다.

찬양_ 370장(주 안에 있는 나에게)

거꾸로 보는 망원경을 바꿔라

갈렙이 모세 앞에서 백성을 조용하게 하고 이르되, 우리가 곧 올라가서 그 땅을 취하자 능히 이기리라 하나 민수기 13:30

 토미 테니의 책《하나님의 관점》에 이런 표현이 있습니다. "우리는 망원경을 거꾸로 들고 보고 있다." 이는 인생이란 망원경을 들고 거꾸로 보고 있다는 것입니다. 그렇게 보면 커 보여야 할 것은 작게 보이고, 작게 보여야 할 것은 커 보입니다. 이러한 상황은 우리의 문제를 아주 커다랗게 보이게 하고, 하나님의 뜻하심은 아주 조그맣게 보이게 합니다.

마치 가나안을 정탐하고 돌아온 이스라엘 사람들처럼 말입니다. 모세는 가나안 땅으로 열두 명의 정탐꾼을 보냈습니다. 그곳에 다녀온 정탐꾼들은 이야기합니다.

"그곳은 젖과 꿀이 흐르는 땅입니다. 그러나 그곳의 사람들은 강하고, 성읍은 견고하고 큽니다. 더욱이 그곳에는 거인들도 살고 있습니다."

정탐꾼들은 모세에게 사실대로 보고했습니다. 하지만 그들은 인생의 망원경을 거꾸로 집어 들고 정탐했습니다. 이미 그들의 마음에는 '두려움'이 자리 잡았습니다. 그러니 가나안이 너무나 크게 느껴진 것입니다. 물론 젖과 꿀이 흐른다는 사실은 알았습니다. 하지만 헤쳐 나가야 할 문제가 더 크게 보인 것입니다.

사람들은 정탐꾼들의 보고를 듣고 웅성대기 시작했습니다. 그러나 갈렙과 여호수아는 다른 말을 합니다. "아닙니다. 우리가 올라가서 그 땅을 취할 수 있습니다."

갈렙과 여호수아는 인생의 망원경을 제대로 사용하였습니다. 하나님께서는 이스라엘 백성에게 가나안 땅을 주시기 위해 정탐하라고 명령하셨습니다. 갈렙과 여호수아는 그 뜻을 정확히 알았습니다. 인생의 망원경을 올바르게 사용함으로 하나님의 뜻을 정확히 알아차린 것입니다.

나에게 있는 문제가 커 보입니까? 거꾸로 보고 있는 망원경을 내려놓고, 하나님의 뜻하심과 계획이 보일 수 있도록 고쳐 잡기 바랍니다. 그럴 때 하나님께서 문제는 작게, 하나님의 뜻은 크게 보이게 하실 것입니다.

찬양_ 이 산지를 내게 주소서

비유를 들으라

그러나 너희 눈은 봄으로, 너희 귀는 들음으로 복이 있도다

마태복음 13:16

예수님께서 바닷가에 앉아서 사람들에게 땅에 떨어진 씨 비유를 들려주신 후 제자들에게 하신 말씀입니다. '땅에 떨어진 씨 비유'는 예수님의 비유 중에서도 잘 알려진 말씀입니다. 씨 뿌리는 자가 씨를 뿌리는데 길가, 돌밭, 가시떨기, 좋은 땅에 뿌리게 되고 떨어진 씨가 어떻게 되는지 대한 이야기입니다.

땅에 떨어진 씨 비유는 마치 수수께끼와 같아서 예수님께서 비유를 설명해 주시기 전까지 제자들은 제대로 이해하지 못했습니다.

바닷가에 제자들과 무리가 예수님 앞에 똑같이 앉아 있었습니다. 무리는 예수님의 비유를 진심으로 듣기 위해 모였을까요? 그들은 예수님이 자신들에게 어떤 기적을 행하실 것을 기대했습니다. 그래서 그들은 비유에 대해 제대로 알 수 없었습니다. 비유의 뜻을 깨닫지 못한 이들은 어떤 사람들인가요? 그들의 공

통점은 예수님의 말씀에 대한 기대가 없었다는 것입니다.

예수님은 어떤 사람들에게 비유에 대해 깨닫는 은혜를 허락하실까요? 바로 하나님을 향한 신뢰와 믿음이 있는 사람입니다. 즉, 예수님의 말씀을 신뢰하고 받아들이려는 마음이 있는 사람이 하나님의 넘치는 은혜를 받을 수 있습니다. 말씀을 신뢰하고 사모하는 영적 자세를 갖춘 사람에게 하나님께서는 더 많은 은혜를 부어 주신다는 것입니다.

유진 피터슨은 "영성은 살아 계신 하나님을 향한 깨어 있는 관심"이라고 이야기합니다. 우리에게는 하나님에 대한 관심이 있어야 합니다. 하나님에 대한 관심이 있을 때 우리는 말씀을 찾고 사모하는 마음이 생깁니다. 그랬을 때 하나님께서는 많은 은혜를 더하실 것입니다.

찬양_ 달고 오묘한 그 말씀

한나의 노래

한나가 마음이 괴로워서 여호와께 기도하고 통곡하며 **사무엘상 1:10**

사람들은 다양한 방법으로 어려움을 극복하고 행복을 찾아 나갑니다. 긍정심리학자 마틴 셀리그먼은 "부정적인 감정이나 단점에 집착하지 말고, 긍정적인 감정과 장점에 초점을 맞추어 문제를 해결하여 행복으로 나아가야 한다"라고 말합니다.

물론 이런 방법으로 어려움과 문제를 극복할 수 있겠지만, 성도들은 조금 다른 방법으로 인생의 어려움과 문제를 풀어 나갈 수 있습니다.

한나는 이스라엘의 의인이라고 불리는 엘가나의 부인으로 하나님을 섬기는 신실한 사람입니다. 그러나 한나에게는 자녀가 없었습니다. 그 당시 유대인 사회에서 자식이 없다는 것은 하나님의 축복이 떠났음을 의미합니다. 이것은 한나에게 큰 시험이며 고통이었습니다.

사람들은 한나를 보며 이렇게 이야기했을 것입니다. "한나의 남편 엘가나는 분명 의인인데 왜 한나에게 자식이 생기지 않을까?" 사람들의 이런 시선은 한나에게 큰 괴로움이었을 것입니다. 그리고 사람들의 시선과 말로 인해 상처 속에서 살았을 것입니다.

남편 엘가나는 한나를 무척 사랑했습니다. 그러나 이 문제는 남편의 사랑으로 해결되는 것이 아니었습니다. 때때로 우리의 문제는 인간적인 방법으로 해결되지 않습니다. 그럴 때는 문제를 어떻게 해결하려고 했는지 생각해 보아야 합니다.

한나는 어떻게 했을까요? 하나님 앞에 마음을 쏟아내는 기도를 합니다. 한나는 오랜 시간 고통 속에 있었음에도 하나님에 대한 믿음이 흔들리지 않았습니다. 하나님에 대한 믿음을 저버리지 않고 겸손한 마음으로 나아갔습니다. 그녀는 하나님이 주인 되심을 인정하는 고백을 드립니다. 자신의 주인 되시는 하나님께서 반드시 해결해 주실 것을 믿었습니다.

우리도 오늘을 시작하기 전에 나의 주인 되시는 하나님을 인정하는 믿음의 고백을 하면 반드시 하나님께서 우리의 문제를 해결해 주실 것입니다.

찬양_ 한나의 노래

강하고 담대하라

그리하면 여호와 그가 네 앞에서 가시며 너와 함께 하사 너를 떠나지
아니하시며 버리지 아니하시리니 너는 두려워하지 말라 놀라지 말라

신명기 31:8

 영어로 '용기'는 크게 두 가지 의미가 있습니다. 첫 번째
는 브레이버리bravery로 두려움이나 겁 없이 담대한 행위
를 한다는 의미입니다. 두 번째는 커리지courage 입니다. 이는 두
려움에도 불구하고 자신에게 옳고 중요한 것을 위해 행동할 수
있는 마음가짐입니다.

모세는 여호수아에게 커리지의 용기를 요구합니다. 모세는
여호수아에게 축복의 말, 권위를 인정하는 말, 칭찬의 말 등을
할 수 있음에도 불구하고 다른 어떠한 말보다 당부의 말을 합니
다. 모세는 이스라엘 백성을 돌보는 일이 얼마나 고되고 힘든 일
인지 알았습니다. 모세가 여호수아에게 '담대하라'고 했을 때,
이는 '두려움을 이기는 용기'입니다. 모세 자신도 이스라엘 백성
을 이끌고 광야를 지났을 때 많은 두려움을 느꼈을 것입니다. 그
래서 사명을 이어나가는 여호수아 역시 두렵고 힘든 상황을 이

겨내기 위해서는 '두려움을 이기는 용기'가 필요하다는 것을 알 았습니다.

모세는 여호수아에게 '담대하라'는 당부와 함께 어떻게 하면 '두려움을 이기는 용기'를 가질 수 있는지도 말합니다. "여호와 그가 네 앞에서 가시며…" 모세는 하나님께서 이미 여호수아의 앞에 가신다고 합니다. 모세는 우리보다 앞서서 일하시는 하나님 을 믿을 때, 두려움을 이기는 용기를 가질 수 있다고 말합니다.

여러분에게는 어떤 용기가 있습니까? 모세는 여호수아에 게 자기 자신을 믿는 용기가 아닌, 우리 앞에 가시는 하나님을 믿는 믿음의 용기를 가지고 두려움과 고난을 이겨나가야 한다 고 말합니다. 우리도 내 앞에 가시며 나의 길을 만드시고 이끄 시는 하나님을 의지하며 믿음의 여정을 이어가야 할 것입니다.

찬양_ 347장(허락하신 새 땅에)

자족 연습

 바울은 어떠한 형편에도 자족할 수 있다고 말합니다. 그는 로마 감옥에 투옥된 상황입니다. 바울은 이전에도 복음을 전하면서 몇 번 감옥에 갇히고 채찍으로 맞고 여러 번 죽을 고비를 넘겼습니다. 그는 사방으로 억눌림을 당해도 짓눌리지 않았고, 곤란한 일을 겪어도 낙심하지 않았습니다.

바울은 어렵고 힘든 상황에서도 자족함이 있다면 기쁠 수 있다고 합니다. 그리스도인에게 자족함, 만족함은 어떤 형편에서도 흔들리지 않는 평온함을 유지하는 방법입니다. 자족하는 삶을 사는 그리스도인은 쉽게 좌절하지 않습니다. 닻을 내린 배는 조금씩 흔들릴 수 있지만, 바닷속으로 가라앉지는 않습니다. 자족하는 성도는 흔들릴지언정 낙심하지는 않습니다. 자족하는 그리스도인은 고통스러운 일이 생기면 걱정, 근심, 불평하기보다는 하나님 앞에 기도하고 하나님의 말씀에 순종합니다.

바울도 우리와 같았습니다. 바울은 원래부터 자족하기를 잘

한 것이 아니라 '배웠다'고 고백합니다. 배운다는 것은 몸에 체득되어 내가 할 수 있게 된다는 것입니다. 자족함은 몇 번의 노력으로 되는 것이 아니라, 지속해야 할 영적 훈련입니다.

바울 역시 오랜 시간 자족 훈련을 해서 습관으로 만들었습니다. 바울은 고린도 교회 성도들이 영적으로 교만해지자 절제함이 필요하다고 말합니다. 그리고 자신이 절제의 모범이 되기 위해 자신의 몸을 치는 것 같은 노력, 눈물, 기도로 혹독한 영성 훈련을 하였습니다.

바울은 자족하는 비결을 자신이 아니라 예수 그리스도에게서 찾습니다. 연약한 우리가 예수 그리스도께 자신을 내어 드리고 삶의 주인으로 인정할 때 그분의 능력이 우리의 능력이 되어 자족할 수 있습니다. 하나님께서 우리에게 선물로 주신 오늘 하루를 오직 예수님 한 분으로 만족하며 자족하는 하루로 살아 보면 좋겠습니다.

찬양_ 455장(주님의 마음을 본받는 자)

목자의 목소리

문지기는 그를 위하여 문을 열고 양은 그의 음성을 듣나니, 그가 자기 양의 이름을 각각 불러 인도하여 내느니라 요한복음 10:3

예수님은 목자와 도둑을 한 가지 방법으로 구분하십니다. 목자는 당당하게 양우리의 문으로 들어가고, 도둑은 문이 아닌 담을 넘어서 들어간다는 것입니다.

예수님은 우리와의 관계를 목자와 양으로 비유하십니다. 목자가 양을 위해 좋은 풀밭을 찾아 이끄는 것처럼 예수님은 우리를 위해 푸른 풀밭을 찾아 배불리 먹이시고, 목마름을 채워 주시는 분입니다.

예수라는 목자는 양에 대한 사랑과 애정이 넘칩니다. 예수님은 우리 모두를 자세히 세세히 알고 계십니다. 오늘 본문에서 "이름을 각각 불러"로 해석된 원어 '카타 오노마Kata Onoma'는 '이름으로' 또는 '각각'이라는 의미입니다. 예수라는 목자는 자신의 양을 '하나하나' '각각'의 이름으로 부르고 있다는 것입니다. 그 많은 양 속에서 한 마리 한 마리를 분명하게 구별하여 알아보고, 불러내신다는 것입니다.

예수님이 우리의 이름을 하나하나 부르시는 것은 우리와의 친밀한 관계 때문입니다. 영혼의 목자는 우리 한 사람 한 사람을 다 아시고 각자의 사정, 문제, 내면을 다 아시는 분입니다. 나의 상황과 문제를 아시고, 주님의 방법으로 그 문제를 해결해 주십니다. 그러나 양이 목자의 음성을 모르면 목자가 아무리 양을 불러도 그 양은 길 잃은 양, 목자 없는 양입니다.

우리는 내 삶이 어떤 목소리에 귀를 기울이고 있는가를 생각해야 보아야 합니다. 이승우 작가의 《사막은 샘을 품고 있다》라는 책에 보면, 사람들이 자본주의에서 비롯된 '욕망의 목소리'를 듣고 있다고 말합니다. 어떤 목소리를 듣고 따라가겠습니까? 영원히 목마르지 않는 물을 마시러 오라는 영혼의 목자 되시는 예수님의 목소리를 따라가야 할 것입니다.

찬양_ 570장(주는 나를 기르시는 목자)

베데스다 연못에서

예수께서 이르시되 일어나 네 자리를 들고 걸어가라 하시니

요한복음 5:8

예수께서 명절에 베데스다 연못을 찾아가 38년 동안 고통 속에 산 환자를 치유해 주셨습니다. 베데스다 연못은 히브리어로 '자비의 집'이라는 의미입니다. 왜 자비의 집이라고 불렸을까요? '자비의 집' 베데스다 연못에는 전해져 내려오는 속설이 있었습니다. 베데스다 연못이 움직인 후에 제일 먼저 들어가는 사람은 어떤 병이든 치유된다는 것입니다.

베데스다 연못가에 누워 있는 그들은 어떤 마음이었을까요? 아주 절박하고 애가 탔을 것입니다. 아픈 사람들은 절박한 심정으로 언제 올지 알 수 없는 '자비의 순간'을 잡기 위해 애면글면했을 것입니다. 이들 중에 38년 된 병자도 있었습니다. 그도 베데스다 연못을 통해 자신의 아픔과 고통을 해결하고 싶었습니다.

하나님의 자비를 기다렸던 그에게 예수님께서 "네가 낫고자 하느냐?" 물으십니다. 아픈 사람에게 이 질문은 불필요한 물음

입니다. 예수님께서 물으신 이유는 베데스다 연못으로 가려진 그의 믿음의 눈이 열리길 원하셨기 때문입니다.

우리 역시 믿음의 대상을 잘 모를 경우가 있습니다. 사람을 통해서 믿음과 기대를 충족하려고 하고, 물질이나 지위를 믿고 의지할 때가 있습니다. 이 세상을 살아가는 그리스도인이 믿어야 할 것, 믿을 수 있는 대상은 세상의 것이 아닙니다. 우리의 믿음은 오직 한 분 예수 그리스도를 향해야 합니다.

예수님은 고통 가운데 있는 38년 된 병자에게 새로운 믿음과 소망을 불어넣으시고 일어나서 자리를 들고 걸어가라고 말씀하셨습니다. 우리의 삶 속에 베데스다 연못과 같은 세상적인 믿음의 가치나 대상이 있지 않은지 점검해야 합니다. 만약 있다면 그 자리에서 일어나 헛된 믿음을 걷어내고 말씀에 순종하는 믿음의 자리로 들어가야 합니다.

예수께서 말씀하시면, 함께하시면 우리 역시 38년 된 병자 같이 주님의 말씀에 순종하게 될 것입니다. 그리고 우리의 삶 가운데 회복이 일어날 것입니다.

찬양_ 436장(나 이제 주님의 새 생명 얻은 몸)

평안을 누리는 방법

예수께서 이르시되 어찌하여 무서워하느냐 믿음이 작은 자들아 하
시고, 곧 일어나사 바람과 바다를 꾸짖으시니 아주 잔잔하게 되거늘

마태복음 8:26

렘브란트는 빛을 잘 활용한 작가로 유명합니다. 렘브란
트의 작품 중에 '갈릴리 호수의 풍랑과 예수(312쪽 그림
참고)'가 있습니다. 1633년 작품으로 마태복음 8장의 이야기를
그린 것입니다.

이 작품을 자세히 살펴보면, 큰 풍랑이 휘몰아치고 예수님과
제자들이 탄 배는 뒤흔들립니다. 빛이 들어오는 부분을 보면 거
센 파도에 배가 부딪치고, 배가 침몰하지 않도록 여러 제자가 안
간힘을 쓰고 있습니다. 밧줄은 끊어지고 돛은 찢어졌습니다. 제
자 한 사람은 뱃멀미를 하고 다른 사람들은 살아날 소망을 잃었
습니다. 한 제자가 폭풍 중에도 주무시고 있는 예수님을 깨우려
고 손을 내밀고 있습니다.

반면에 구름을 뚫고 쏟아지는 빛의 공간과는 달리 어둠의 공
간은 평안합니다. 예수님께서 함께하시기 때문입니다. 이 그림

에서 유심히 봐야 할 부분이 있습니다. 바로 키를 잡은 어부의 모습입니다. 그는 두려워하는 기색이 없이 키를 단단히 붙잡고 있습니다. 왜 렘브란트는 배의 나아갈 방향을 결정하는 키 잡는 사람을 예수님도, 제자도 아닌 어부를 그렸을까요? 예수님께서 키를 잡으셨다면 더 안전하지 않았을까요?

키를 꽉 붙잡고 예수님을 바라보는 어부의 모습에서 우리는 한 가지 사실을 발견합니다. 그것은 '거센 풍랑을 이기는 것은 자신이 단단히 붙잡고 있는 키가 아니라 예수님'이라는 사실입니다. 그의 하얀 수염은 그가 이 사실을 깨닫기까지 얼마나 많은 세월이 흘렀는지를 분명하게 보여 줍니다. 이처럼 예수님과 가까이 있는 그는 육적으로나 영적으로 두려움이 없습니다.

거센 풍랑 속에서도 평안하신 예수님의 평안을 우리도 누려야 합니다. 예수님이 키를 잡으셔서 평안한 것이 아니라 함께하기 때문에 평안하다는 것을 매일의 생활에서 체험해야 합니다. 예수님을 바라보고 함께하심을 믿을 때 예수님의 평안을 누릴 수 있습니다.

찬양_ 432장(큰 물결이 설레는 어둔 바다)

렘브란트, 〈갈릴리 호수의 풍랑과 예수〉, 1633년, 캔버스에 유채, 이사벨라 스튜어트 가드너 미술관(미국)